EAT

RESTOS, BOUTIQUES, MARCHÉS 100 % FOOD

SÉOUL

ANNE-LAURE
BANSE

hachette

Food Lovers Travel

L'édito d'Anne-Laure Banse

Journaliste reporter, Anne-Laure est aussi chroniqueuse food pour le magazine* Otomo. *Elle a par ailleurs remporté le prix Robert-Guillain de l'Association de presse France-Japon. De ses pérégrinations gourmandes à Séoul, Anne-Laure en a rapporté une sélection appétissante.

***Pali-Pali* ou « vite-vite »** au pays du matin calme. Vitesse et lenteur. Deux identités opposées pour une seule et même âme : celle de Séoul. Dans cette mégapole rutilante de 25 arrondissements, vous trouverez de l'aube à la nuit, tous les 100 mètres, une multitude de plaisirs culinaires pour rythmer votre journée. Cafés à emporter, street food avalée sur le pouce dans les marchés, pause détente pour refaire le monde entre amis dans un *pocha* en plein air, goûter méditatif dans une maison de thé ou festins dans les cantines familiales... tout est ici prétexte à la gourmandise.

Le matin calme débute en plein décalage horaire, dans les allées désertes du palais de

Gyeongbokgung. Café en main, car à Séoul les coffee shops sont une institution. Même sous la neige, les Séoulites se promènent toujours avec un americano glacé, clamant leur amour pour cette boisson à laquelle ils ont même dédié une expression : « eoljuka », un café froid au risque de mourir congelé.

Séoul s'arpente aussi au nez, dans la multiplicité des effluves délicieux qui s'échappent des cantines familiales aux **recettes secrètes,** inchangées et pleines de succès. Comme cette soupe avalée à la volée par les salariés pressés chez Hadongkwan, qui sert le même *gomtang* depuis 86 ans, ou encore cet **inimitable *bassak-bulgogi* grillé,** transmis depuis trois générations dans les cuisines de Yukjeon Hoekwan.

Parfois, il suffit de pousser la porte d'une devanture modeste pour garder en mémoire le goût de plats populaires, ciments de la gastronomie coréenne. Sans aucun chichi, dans une grande marmite, les cuisinières de Gwanghwamun Jip graveront dans votre palais les saveurs d'un ***kimchi jjigae.*** Une cuisine traditionnelle qui inspire une nouvelle génération de chefs. Choi Ji-Hyung élève le ***sundae,*** un boudin noir populaire dans les stands de street food, au rang de mets raffiné. Le **kimchi,** lui, fait peau neuve chez On 6.5.

La lenteur, elle, se déguste dans la cuisine végétarienne d'un ancien moine chez Sanchon ou dans la délicatesse d'un ***bingsu*** servi dans les jardins du *hanok* de Suyeon Sanbang.

J'ai réalisé dans l'avion qui me ramenait chez moi combien chaque bouchée avalée d'un barbecue réputé, chaque verre de *soju* bu dans des *pochas* ou dans des bars au passé immémorial, chaque *ramyeon* instantané slurpé assise dans un *convenience store* face à une vitrine donnant sur la nuit séoulite reflète la multiplicité des facettes culinaires de Séoul. Que jamais je n'aurais aussi précisément appréhendé cette ville, et certainement son histoire, sans en avoir digéré toutes ses saveurs.

Quoi de mieux pour découvrir une destination que de manger comme ses habitants ?

SOMMAIRE

Mapo-Gu

Yongsan-Gu

Seongdong-Gu

Gangnam-Gu

MES 4 RECETTES PRÉFÉRÉES

INDEX

Jongno-Gu
→ P. 34
Mapo-Gu
→ P. 100
→ P. 122

SCANNEZ CE QR CODE
ET ACCÉDEZ À LA CARTE
u
-Gu
Seongdong-Gu
→ P. 136
Gangnam-Gu
→ P. 150
0 1 2 km

US ET COUTUMES

LES APPLICATIONS UTILES

NAVER MAP

À Séoul, oubliez Google Maps pour vous déplacer. L'application indispensable s'appelle Naver Map. Elle vous indiquera le trajet étape par étape, que vous soyez à pied, en métro ou en bus, pour vous rendre aux adresses gourmandes que vous souhaitez le plus efficacement possible. Naver Map précise les sorties à emprunter dans les stations tentaculaires et permet également de voir les points d'intérêt à proximité recommandés par les utilisateurs séoulites très actifs. Disponible uniquement en anglais.

CATCHTABLE

Pour déjeuner ou dîner dans certains restaurants, les réservations sont obligatoires et se font par l'application Catchtable. Celle-ci vous permet de réserver une table, mais aussi de vous inscrire sur les listes d'attente des restaurants populaires où il faut faire la queue, et même de voir l'avancement en temps réel jusqu'à ce que votre nom soit appelé ! Pas besoin d'attendre inutilement. Catchtable vous donne également accès aux menus, prix et informations pratiques des restaurants qui vous intéressent.

HORAIRES D'OUVERTURE

L'après-midi, de nombreux restaurants ferment leurs portes pour une pause, généralement de 15h à 17h, avant de rouvrir pour la soirée. Les commandes doivent généralement être passées 1h à 30mn avant la fermeture. Par ailleurs, évitez les week-ends, jours chômés pour de nombreux Séoulites, qui rendent certaines adresses populaires surchargées. Attention aussi au lundi, bien souvent le jour de fermeture hebdomadaire !

POURBOIRE

Le pourboire n'est pas une coutume en Corée, où le service est considéré comme primordial dans les restaurants, cafés et bars.

ÉTIQUETTE À TABLE

Il y a des règles simples et discrètes qui permettent de respecter l'étiquette autour des tables coréennes. Saluez d'un signe de tête ou en vous inclinant légèrement en signe de politesse lorsque vous pénétrez à l'intérieur d'un établissement. Enlevez vos chaussures lorsque vous prenez place sur un tatami pour votre repas. Au cours de celui-ci, si vous le partagez avec des Coréens, servez d'abord les boissons des autres participants à deux mains, puis recevez la vôtre en tenant votre verre toujours à deux mains. Ne plantez jamais vos baguettes dans le riz, une image qui fait penser aux bâtons d'encens que l'on plante pour rendre hommage aux défunts.

Pas de couverts sur la table ? Jetez donc un coup d'œil dans les tiroirs de celle-ci, vous y trouverez sûrement votre bonheur. Votre assiette est vide et un plat à la carte vous tente ? Certaines tables de restaurant sont équipées d'une sonnette où il suffit d'appuyer pour appeler un serveur, puis commander. Dans les cafés où l'on peut s'asseoir, posez vos affaires afin de réserver une table avant d'aller commander au comptoir. Enfin, sachez que l'attente pour profiter des restaurants populaires n'effraie pas les Coréens, qui ont l'habitude de patienter plus de 30mn. Ne soyez pas effrayé par la file, patientez, cela va souvent vite. Vous pouvez aussi vous inscrire via Catchtable ou sur la feuille mise à disposition à l'entrée du restaurant !

LEXIQUE

BINGSU

Dessert à base de glace pilée nappée d'ingrédients divers.

BULGOGI

Viande marinée puis grillée.

CHAPSSALTTEOK

Pâtisserie à base de farine de riz gluant et haricot rouge.

DWAEJI-GUKBAP

Soupe à base de riz et de porc.

GOMTANG

Soupe au bœuf.

KALGUKSU

Plat à base de nouilles et de bouillon.

KIMCHI

Chou lacto-fermenté, pimenté.

MAKGEOLLI

Alcool de riz doux et laiteux.

NAENGMYEON

Soupe froide à base de nouilles de sarrasin.

SUNDAE

Sorte de boudin cuit à la vapeur.

TTEOKBOKKI

Gâteaux de riz dans une sauce au piment fermenté.

TTEOK

Pâtisserie à base de farine de riz gluant.

SI VOUS

POUR GOÛTER AU *TTOEKBOKKI*, L'INCONTOURNABLE DE LA STREET FOOD CORÉENNE

Tteoksan

14 Bukchon-ro, Jongno-gu | +82 507-1309-1014 | Métro : Anguk / sortie 2 | Mardi-dimanche 11h30-20h | ₩

P. 54

POUR DÉGUSTER UN VRAI REPAS RÉCONFORTANT

Tosokchon Samgyetang

5 Jahamun-ro 5-gil, Jongno-gu | +82 2-737-7444 | Métro : Gyeongbokgung / sortie 2 | Tous les jours 10h-22h | ₩₩

→ **@tosokchon**

P. 58

POUR SIROTER DES COCKTAILS LOCAUX

Zest

26, Dosan-daero 55-gil, Gangnam-gu | +82 10-3177-8801 | Métro : Apgujeong Rodeo / sortie 4 | Lundi-vendredi 18h30-2h / Samedi-dimanche 15h-2h | ₩₩

→ **@zest.seoul**

P. 162

N'AVEZ QUE 24H

POUR MANGER LE MEILLEUR *BASSAK-BULGOGI* DE VOTRE VIE

Yukjeon Hoekwan

47 Tojeong-ro 37-gil, Mapo-gu | +82 2-703-0019 | Métro : Gongdeok / sortie 1 | Mardi-dimanche 11h-15h / 17h-22h | ₩₩

→ **@yukjeon**

P. 108

POUR SE RÉGALER DE TRÉSORS SUCRÉS PLEINS DE DÉLICATESSE

Jaha

110-48 Naesu-dong, Jongno-gu | +82 507-1473-0318 | Métro : Gyeongbokgung / sortie 7 | Jeudi-dimanche 11h-18h | ₩

→ **@jaha_seoul**

P. 66

슈레드 피자치즈
CRUNKY

SPÉCIALITÉS & EXPÉRIENCES

ENVIE DE DÉCOUVRIR LES SPÉCIALITÉS LOCALES DANS LES MEILLEURS RESTAURANTS DE LA VILLE OU DE VIVRE DES EXPÉRIENCES CULINAIRES INÉDITES ? VOUS ÊTES AU BON ENDROIT ! DANS LES PAGES QUI SUIVENT, PRÉPAREZ-VOUS À EMBARQUER POUR UN VOYAGE GUSTATIF UNIQUE. DES PLATS AUTHENTIQUES, AUX SAVEURS FASCINANTES, VOUS FERONT VIVRE DES MOMENTS FORTS OÙ CHAQUE BOUCHÉE ET DÉCOUVERTE SERONT UNE INVITATION À SAVOURER LE MEILLEUR DE LA GASTRONOMIE LOCALE.

LE TOP

LES MARCHÉS DE SÉOUL

L'ÂME GOURMANDE DE LA CAPITALE

Cœurs battants de la capitale, les marchés de Séoul nourrissent les âmes gourmandes de jour comme de nuit. C'est dans leurs allées, assis sur leurs bancs ou accoudé au comptoir, que vous découvrirez le meilleur de la street food coréenne. Il y a plus d'une dizaine de marchés qui s'égrènent au fil des quartiers de la mégapole. Tous avec une identité, des effluves et des délices qui leur sont propres. En voici une sélection non exhaustive.

Nº 1

MARCHÉ DE NORYANGJIN

674 Nodeul-ro, Dongjak-gu | +82 2-2254-8000 | Noryangjin / sortie 9 | Tous les jours 24h/24 | ₩₩₩

Immergez-vous dans les allées de l'immense marché aux poissons de Noryangjin. Entre les casiers d'un bleu vif, les tabliers cirés rose pétant et les bottes en caoutchouc clair des vendeuses, laissez vos yeux s'émerveiller devant les étals de cette pêche miraculeuse. Palourdes, maquereaux, poulpes, crabes… achetez en direct, puis filez au premier étage dans les restaurants où le personnel transformera votre récolte du jour en assiette de sashimis ou en *haemultang* épicé (une soupe de fruits de mer).

Nº 2

MARCHÉ DE GWANGJANG

88 Changgyeonggung-ro, Jongno-gu | +82 2-2267-0291 | Jongno5(o)-ga / sortie 7 | Tous les jours 9h-23h | ₩₩

Installé en 1905, Gwangjang fut le premier marché permanent de Séoul. Jadis repaire des travailleurs qui y finissaient leur journée, l'endroit a su conserver son âme, malgré une apparition sur Netflix et des touristes toujours plus nombreux. Les étals exigus offrent à nos narines et à nos ventres affamés de gargantuesques festins de rue. Goûtez aux fraîches et bouillantes nouilles *kalguksu* de Cho Yonsoon, croquez dans de fumants *bindaetteok,* des galettes croustillantes de haricot mungo, et succombez à la gourmandise des *mayak gimbap,* de petits rouleaux d'algues et de riz garnis de légumes et d'une sauce épicée. En bref, un haut lieu de la street food coréenne.

Nº 3

MARCHÉ DE MANGWON

27 Poeun-ro 6-gil, Mapo-gu | +82 2-335-3591 | Mangwon / sortie 2 | Tous les jours 10h-21h | ₩₩

Un marché 100 % local, bien à l'écart des sentiers touristiques. Dans les allées de Mangwon, vous ne croiserez que les habitants gourmands du quartier, en quête d'ingrédients ou de bons légumes pour leur repas du soir. Comme tout marché qui se respecte, Mangwon n'est pas en reste côté street food. Allez vous régaler dans les étals souriants des vendeuses de *tteokbokki, hotteok, eomuk, sundae, sotteok-sotteok* et autres brochettes. Au marché de Mangwon pas de « pali-pali » ou « précipitation » : la vie, ici, se déguste au ralenti.

Nº 4

L'ALLÉE DE KALGUKSU DU MARCHÉ DE NAMDAEMUN

42-1 Namdaemunsijang 4-gil, Jung-gu | Hoehyeon / sortie 5 | Tous les jours 6h-21h | ₩

Bien dissimulée dans les profondeurs du marché de Namdaemun, entre deux échoppes de vêtements et derrière un rideau de lanières en plastique : l'allée de kalguksu. Une fois le rideau levé, c'est un spectacle de plaisirs qui s'offre à vous. Sur scène, une vingtaine de stands tenus par des ajummas (grands-mères) énergiques alpaguant le chaland. Au menu, un unique plat : des *kalguksu,* un bouillon de nouilles coupées au couteau. Chaque vendeuse a sa recette secrète, et chacune vous dira que c'est la meilleure !

EXPÉRIENCE

À LA DÉCOUVERTE DES JJIMJILBANG

TRANSPIRER, S'AMUSER... ET SE RÉGALER

Lieu de détente par excellence pour les Séoulites surmenés, les saunas coréens, qu'on nomme « jjimjilbang », se fréquentent en famille ou entre amis, certains permettant même d'y passer une nuit complète. Dans ces havres de paix, on vient pour se laver, transpirer, s'amuser, mais aussi pour manger. Après avoir profité des bains chauds et froids, d'un bon gommage et d'une chaleur intense, direction la salle de repos où, vêtu d'un short et d'un T-shirt orange ou bleu et d'une serviette nouée sur la tête de façon à ressembler à un bélier, on savoure une collation bienvenue.

SPA LEI (UNIQUEMENT POUR LES FEMMES)

5 GANGNAM-DAERO 107-GIL, SEOCHO-GU

+82 2-545-4002 | Sinsa / sortie 5 | Tous les jours 24h/24 | spalei.com | | ₩₩

Prenez la direction des bains chauds en intérieur et en extérieur de ce *jjimjilbang* cosy. Faites peau neuve sous les mains expertes des *saeshinsa* lors d'un bon gommage, puis filez dans la chaleur sèche du *bulgama.* Une fois les toxines éliminées, requinquez-vous dans la salle de repos en croquant dans une patate douce délicieusement sucrée qui aura cuit à vos côtés dans le *bulgama.* Réhydratez-vous d'un désaltérant *sikhye,* une boisson de riz froide et sucrée que vous croiserez dans les mains de tous les thermalistes. Le restaurant du spa propose de son côté des repas revigorants pour apporter tous les nutriments nécessaires à votre organisme. L'incontournable des lieux ? La *miyeok guk,* une soupe d'algues réparatrice contenant du calcium et de l'iode.

SPAREX

247 JANGCHUNGDAN-RO, JUNG-GU

82 2-2273-2777 | Dongdaemun History & Culture Park / sortie 14 | Tous les jours 24h/24 | ₩₩

Atmosphère idéale pour un repos optimal. Dans ce sauna coréen, familles, amis et touristes de passage viennent se détendre. Ici, la décoration bucolique du *jjimjilbang* s'inspire de l'architecture coréenne traditionnelle des *hanok.* Après avoir transpiré un bon coup, la faim n'est jamais très loin, alors tentez la collation typique : les *maekbanseog,* des œufs durs fumés dans le sauna et que l'on casse sur sa tête (ou celle de son voisin). Une protéine à accompagner évidemment d'un *sikhye* frais. Le petit restaurant situé dans le *jjimjilbang* propose également des *ramyeon* instantanés, des chips et toutes sortes de plats traditionnels coréens, comme le *kimchi jjigae* et les nouilles froides *naengmyeon.*

EXPÉRIENCE

LE CONVENIENCE STORE

UN UNIVERS CULINAIRE À PART

Une façade éclairée de néons, une clochette qui carillonne et des portes automatiques qui s'ouvrent en grand sur de petites allées bien achalandées : bienvenue dans l'univers des convenience stores. Ouvertes 24h/24, 7 jours/7, ces supérettes ont fleuri par milliers dans Séoul, au point de prendre part au paysage gourmet. Phare dans la nuit pour les fringales nocturnes, vous y trouverez tout ce qu'il vous faut pour un repas complet coquin à dévorer sur place. Tour d'horizon des principales enseignes pour vous concocter un menu 100 % convenience store.

LES PRINCIPALES ENSEIGNES

Ils ont pris leur quartier à chaque coin de rue de la capitale. Les convenience stores proposent tout ce dont vous avez besoin au quotidien, de la paire de chaussettes au parapluie en passant par le gel douche ou la carte de métro. Mais ce sont surtout de délicieux repaires pour se concocter des repas sur le pouce. Lors de vos pérégrinations, vous croiserez sans aucun doute les principales enseignes emblématiques : le 7-Eleven, premier arrivant sur le sol coréen, l'omniprésent CU ou encore GS25 et Emart24. Chacun propose des services similaires et c'est pour leurs snacks, que l'on peut manger sur place après les avoir réchauffés, que l'on s'y déplace.

LE MENU PARFAIT

Du petit encas au repas complet, voici une sélection à ne pas rater :

• Mise en appétit au rayon frais avec le ***samgak gimbap***. Une boule de riz triangulaire, entourée d'une feuille d'algue. Se dévoile en saveur bibimbap, thon-mayo ou encore kimchi.

• En quête d'un plat plus consistant ? Comme de nombreux employés de bureau, optez pour un ***dosirak,*** la version coréenne du bento, constitué de kimchi, de riz, de légumes variés et d'une viande du jour.

• Pour un repas qui sent bon les dramas coréens, filez dans l'allée bariolée des boîtes de ***ramyeon* instantanés**. Il y en a pour tous les goûts, mais le favori de la Corée reste le ramyeon *kimchi jjigae omori,* une saveur kimchi bien relevée. Rajoutez-y un œuf dur et des bâtonnets de fromage lors de la cuisson.

• Pour la soif, le désaltérant **lait à la banane** proposé dans de petits pots en plastique saura atténuer le goût épicé des *ramyeon.* Les addicts au café trouveront leur bonheur dans les bras des machines instantanées. Un coup de chaud ? Versez du thé ou des jus aromatisés dans des gobelets vendus avec des glaçons pour une **boisson rafraîchissante**.

• Un repas sans dessert, ça n'existe pas. Côté sucreries, on adore les **sponge cake** bien crémeux goût vanille ou matcha. On croque sans faim dans les **Pepero**, sortes de Mikado enrobés de chocolat, fraise, thé vert... On se rafraîchit avec des glaces à l'eau goût pastèque ou melon.

• Les petits plus : si le jetlag est difficile ou si le repas fut trop copieux ou arrosé, les convenience stores proposent des **petites fioles vitaminées** pour prévenir la gueule de bois ou donner un coup de boost. À agrémenter d'un **masque de beauté** pour un teint frais au réveil.

LE TOP

LES POCHAS

FESTINS À CIEL OUVERT

Incontournables des appétits nocturnes, les pojangmachas *ou « pochas » encanaillent les nuits de Séoul. À la tombée du jour, le long des trottoirs, ces petites tentes rouges accompagnées de chariots de restauration se déploient dans certains quartiers. On y vient pour picorer des* anju, *des accompagnements, autour d'un verre de* soju *ou d'une bière. Plus que de simples restaurants de rue, les* pochas *sont les théâtres des âmes et des festins à ciel ouvert. Collègues, amis et couples s'y retrouvent pour épancher leur soif et leurs soucis. Tournée des* pochas *pour une thérapie gourmande en quelques adresses.*

Nº 1 JONGNO 3-GA POCHA

132 Jong-ro, Jongno-gu | Jongno3 (sam)-ga / sortie 6 | 17h-minuit | ₩₩

Policée de jour, la sage rue de Jongno 3-ga s'encanaille de gourmandise la nuit pour devenir le lieu emblématique de *pocha* à Séoul. En fin d'après-midi, les *pochas* s'alignent sur les trottoirs, débordent sur la route et se mettent à mijoter leurs préparations. Sautez d'une tente à une autre pour goûter aux incontournables : les *dakbal* (des pattes de poulet épicé), les *tteokbokki,* les *yache twigim* et, pour les plus audacieux, du *sannakji,* un poulpe cru finement découpé qui continue de se tortiller dans votre assiette. Trempez un morceau dans de l'huile de sésame, avalez et profitez des conversations animées autour d'une bouteille de *soju.*

Nº 2 EULJIRO NOGARI ALLEY

15 Eulji-ro 13-gil, Euljiro 3(sam)-ga, Jung-gu | Euljiro 3-ga / sortie 4 | 18h-minuit | ₩₩

Attrapez une table à la volée, puis asseyez-vous sur l'un des nombreux tabourets en plastique bleus ou rouges de cette rue très animée. S'il y a bien un *anju* que vous ne devez pas rater, c'est le *nogari* frit ! Servi depuis 1980, le lieu jaune séché continue de régaler les foules. Dans la farandole de ces petits plats préparés à l'abri des bâches, succombez aussi au poulet frit à l'ail, dont les effluves s'échappent des *pochas* pour embaumer tout le quartier.

Nº 3 MAPO POCHA

Tojeong-ro 37-gil, Mapo-gu | Mapo / sortie 2 | 18h-minuit | ₩₩

Rendez-vous des travailleurs fatigués après une intense journée au bureau, la rue de Mapo met les petits plats dans les grands pour les rassasier et les remettre d'aplomb. Les *anju* qui y sont servis sont de qualité. Naviguez d'un *pocha* à l'autre pour croquer dans un *tteokbokki,* plonger une cuillère dans un *osam bulgogi,* un porc sauté avec du calmar, ou trouver le réconfort dans un bol d'udon épicé.

RENCONTRE AVEC

YOON SE-HEE
CRÉATRICE DE BON GOÛT

JIYOUNG YU
AMATRICE DE CAFÉS MASQUÉE

SHIN EUN JUNG
HANOK SUCRÉ

FAITES CONNAISSANCE AVEC CES AMOUREUSES INCONTESTÉES DE BONNE CHÈRE, EXPERTES DE LA SCÈNE CULINAIRE LOCALE OU GOURMETS AVERTIS ! ELLES VOUS FERONT DÉCOUVRIR SÉOUL À TRAVERS LEUR REGARD D'ÉPICURIENNES, AINSI QUE DES LIEUX INÉDITS SORTANT TOTALEMENT DES SENTIERS BATTUS, OU VOUS PARLERONT D'INSTITUTIONS INCONTOURNABLES COMME PERSONNE AUPARAVANT. POUR DÉCOUVRIR DE VÉRITABLES PÉPITES, PARTEZ À L'AVENTURE AVEC CES VIRTUOSES DES SAVEURS OU AMATRICES ÉCLAIRÉES, SPÉCIALISTES INDÉNIABLES ET FINS PALAIS !

RENCONTRE AVEC

YOON SE-HEE

CRÉATRICE DE BON GOÛT

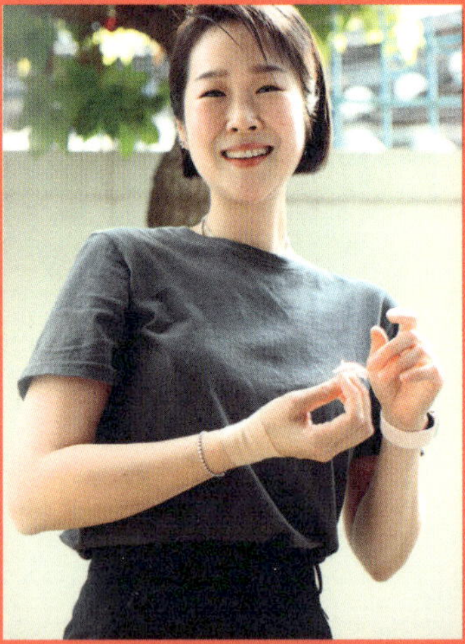

À la tête de sa marque de mode baptisée « Good Buying Club », Yoon Se-Hee, alias « SAY », aurait aussi très bien pu créer le « Good Eating Club ». Dans sa charmante boutique vintage séoulite, elle crée, avec sa joie de vivre rayonnante, des pièces uniques à partir de vêtements de seconde main. Une fois l'ouvrage terminé, SAY n'est jamais très loin des adresses qu'elle affectionne, celles où la cuisine coréenne est avant tout une création de délices et de partage.

TTUKBAEGI YANGPYEONG HAEJANGGUK

Restaurant traditionnel

Jong-ro 5-gil, Jongno-gu | ☏ +82 272.019.62 | Métro: Gwanghwamun / sortie 2 | Lundi-vendredi 11h-21h30 | ₩₩ | haejangcook.com

Dans ce restaurant, on sert le meilleur *haejangguk* de Séoul, une soupe censée chasser la gueule de bois. C'est un bouillon de bœuf dans lequel a mijoté des légumes et de la viande. Selon les goûts, on peut même y ajouter du sang coagulé de bœuf ou de porc. Mon endroit préféré pour me remettre d'une soirée arrosée !

JINJUJIP

Restaurant traditionnel

34-13 Namchang-dong, Jung-gu | ☏ +82 275-398-13 | Métro: Hoehyeon / sortie 5 | Tous les jours 8h-21h | ₩₩₩

Bien caché à l'angle d'une des allées du marché de Namdaemun, Jinjujip est l'endroit idéal pour refaire le monde avec mes amis. Dans une grande marmite en terre, on sert des morceaux de queue de bœuf cuits à la vapeur et servis dans une épaisse soupe. Entre deux verres, il y a même la possibilité d'être resservi en nouilles et en soupe afin de prolonger la soirée.

CHANYANGJIP

Restaurant de nouilles aux fruits de mer

5 Donhwamun-ro 11da-gil, Jongno-gu | ☏ +82 274-313-84 | Métro: Jongno 3(sam)-ga / sortie 4 | Lundi-samedi 10h-21h | ₩₩ | chanyangjip.modoo.at

À mes yeux, le meilleur restaurant de soupe de nouilles coréennes de l'arrondissement de Jongno. La soupe épaisse aux fruits de mer met en valeur les nouilles moelleuses, presque potelées, de la maison. Mon conseil dégustation : déposez une grosse cuillère de *dadaegi,* une sauce pimentée aux poivrons rouges, dans une assiette et trempez-y vos nouilles comme si vous mangiez un plat de *bibim-guksu* (nouilles épicées).

CHAPSSAL KKWABAEGI

Stand de boulangerie dans le marché de Gwangjang

Jongno 4(sa)-ga, Jongno-gu | ☏ +82 109-498-3115 | Métro: Jongno 5 (o)-ga / sortie 8 | Tous les jours 10h-22h | ₩

Je ne suis pas une grande fan des *kkwabaegi,* ces beignets torsadés coréens, à l'exception de ceux cuits presque à la minute dans cette échoppe du marché de Gwangjang. Il y a toujours une longue file devant pour venir déguster ces gourmandises sucrées. Un *kkwabaegi* me suffit, mais j'en achète toujours plusieurs pour en rapporter à mes voisins.

MUEH

Café

28 Bukchon-ro 8-gil, Jongno-gu | ☏ +82 507-1389-9260 | Métro: Anguk / sortie 3 | Lundi 10h-19h / Mardi-dimanche 10h-20h | ₩₩ | @cafe_mueh

J'adore venir boire un délicieux latte dans ce petit café de quartier, bien caché, où vous ne croiserez que des locaux. Le propriétaire torréfie ses grains lui-même, s'assure de la bonne température et du niveau d'humidité pour un goût incomparable. Un soin et une attention qui se retrouvent dans chaque tasse.

RENCONTRE AVEC

JIYOUNG YU

AMATRICE DE CAFÉS MASQUÉE

Vous n'apercevrez que l'ombre de sa silhouette. Jiyoung Yu avance masquée dans la vapeur des cafés qu'elle aime tant photographier. Objectif vissé à l'œil, elle capture sur le vif les arômes et les rires des coffee shop qui peuplent Séoul. Une palette d'atmosphères et de tranches de vie qu'elle décline sur son compte Instagram @green_sori. Dans un jeu d'ombre et de lumière, entre grains torréfiés et barista, elle nous offre un panorama de son amour pour le bon café.

MORALS AND NORMS

Café

32 Dongmak-ro 19-gil, Mapo-gu | +82 507-1495-7807 | Sangsu / sortie2 | Tous les jours 9h30-20h | @doduk_kyubum | ₩₩

C'est l'un de mes cafés favoris ! De ces endroits où la perfection se trouve aussi bien dans la décoration naturelle et rétro que dans la qualité des grains. Les baristas proposent de délicieux cafés filtre éthiopiens, kényans ou colombiens à déguster dans la douceur de la musique qui s'échappe du tourne-disque.

ELAK

Café

36, Cheonggu-ro 22-gil, Jung-gu | +82 10-6249-7045 | Dongdaemun History & Culture Park Station / sortie 3 | Tous les jours 8h-20h | @elak.coffee | ₩

L'amour authentique que le barista porte au café se retrouve dans la finesse de chaque tasse qu'il prépare. J'aime beaucoup venir discuter avec lui dans son coffee shop convivial, où il prend le temps d'échanger avec chaque personne et où chaque café filtre est préparé avec le cœur. Autant de raisons pour moi d'y aller régulièrement.

UPSTANDING

Café

99-11 Sinheung-ro, Yongsan-gu | +82 10-9519-8727 | Bus Yongsan02 / arrêt Haebangchon Ogeori | Tous les jours 10h-20h | @upstanding_coffee | ₩

Upstanding est situé dans le marché Haebangchon Sinheung, un endroit populaire auprès de la jeunesse séoulite. Comme un écho au nom du café, je me sens revitalisée à chaque fois que j'y vais. L'escalier en spiral au milieu d'un décor brut rend le lieu encore plus cool. Si vous voulez siroter un café australien c'est le coffee shop qu'il vous faut !

FIZZ SOCIAL CLUB

Café

51-4 Eulji-ro 35-gil, Jung-gu | +82 52-269-8259 | Jongno 5(o)-ga / sortie 7 | Mardi-dimanche 11h30-20h | @fizz_social.club | ₩

Un coffee shop pour les amoureux de musique jazz qui aiment siroter leur café avec une bande-son de qualité. La décoration vintage avec les posters d'anciens chanteurs et les multiples vinyles rendent le lieu très chaleureux. J'adore commander une tasse de café et un pain perdu moelleux, copieusement arrosé de sirop d'érable. Une dégustation musicale et une détente assurée.

LENT

Café

748, Gyeongin-ro, Yeongdeungpo-gu | +82 10-6763-1106 | Mullae / sortie 7 | Dimanche-jeudi 11h-21h / vendredi-samedi 11h-22h | @cafe.lent | ₩

Un studio de designer qui fait aussi office de coffee shop. J'aime beaucoup m'y rendre pour discuter avec les nombreux artistes que j'y croise. La grande variété de grains proposée rend mon choix toujours très ludique quand je veux choisir mon café qui, une fois préparé, est toujours aussi bon.

RENCONTRE AVEC

SHIN EUN JUNG

HANOK SUCRÉ

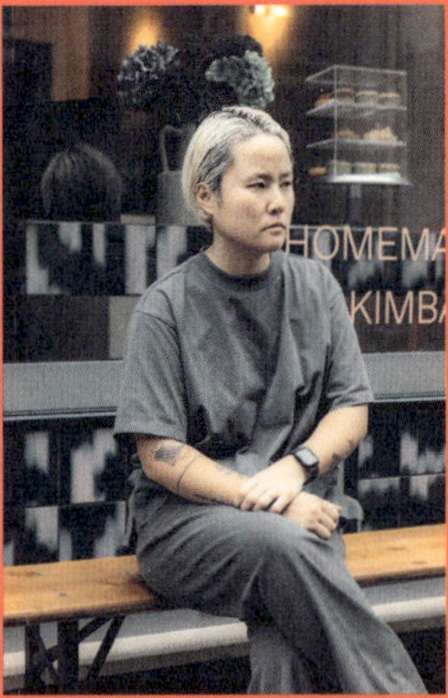

Le secret d'un dessert réussi ? De la technique, mais avant tout du cœur ! C'est la philosophie de Shin. Cheffe pâtissière coréenne, elle ravit les papilles gourmandes dans son café coréen parisien, Café Shin. Dans sa cuisine ouverte en forme de hanok, *la Séoulite transmet et prépare à la minute de délicieux* heukimja, *café latte mousseux au sésame noir, des* goguma *(patate douce) latte qu'elle agrémente d'une touche salée le midi avec ses* kimbap *et d'inoubliables pâtisseries pour le reste de l'après-midi. Comme un bon dessert, elle nous partage ici ses adresses préférées à Séoul.*

MISH MASH

Cuisine fusion coréenne

47 Changdeokgung-gil, Jongno-gu | +82 264-652-211 | Anguk / sortie 3 | Mardi-dimanche 11h-15h / 18h-22h | @mishmashkorea | ₩₩₩

Un restaurant de cuisine fusion coréenne que j'apprécie pour son menu traditionnel revisité dans une version plus moderne. Porc au shiso, aubergine croustillante au soja ou nouilles de sarrasin et sa glace de sésame... à chaque fois je me régale dans une ambiance sereine avec une vue sur les jardins du palais de Changdeok.

PYMT

Café

14 Noksapyeong-daero 26ga-gil, Yongsan-gu | +82 2797-3010 | Itaewon / sortie 4 | Lundi-jeudi 9h-19h / vendredi-samedi 10h-21h / dimanche 10h-20h | @pymt.official | ₩₩

Café haute couture dans ce coffee shop niché dans le quartier de Itaewon. Outre le fait qu'on y boit de délicieux cafés de spécialité, j'aime beaucoup leurs créations originales aux saveurs coréennes uniques. Latte à la sauce soja de *jangdokdae,* expresso glacé au sésame noir et à la truffe ou encore café à la crème de coriandre, vous allez vous souvenir longtemps de cette pause caféinée.

KOTTON SEOUL

Café

17 Insadong 12-gil, Jongno-gu | +82 2-737-5865 | Anguk / sortie 6 | Lundi-dimanche 10h-19h | @kotton.seoul | ₩

Des cafés et des thés glacés crémeux, cotonneux et surtout gourmands. C'est le triptyque gagnant de cette jolie adresse où j'aime me rendre. Lors des chaudes journées d'été, on fonce sur le thé glacé à la rose musquée surmonté d'un sorbet au citron qui fond lentement ; en hiver, optez plutôt pour le copieux latte à la crème de beurre de cacahuètes. Installé dans un ancien *hanok,* le cadre est très relaxant.

LA STREET FOOD DE MYEONGDONG

Street food

8-3 Chungmuro 2(i)-ga, Jung-gu | Myeong-dong / sortie 8 | Tous les jours 17h-01h | ₩

À la tombée de la nuit, le marché nocturne de Myeongdong, très fréquenté par les touristes, s'anime d'une multitude de chariots servant une grande variété de street food coréenne. Mon péché mignon ? Les *dakkochi* ! Des brochettes de poulet mariné dans une sauce sucrée-salée et dont les odeurs de cuisson me font saliver plusieurs mètres avant d'arriver devant les stands.

COFFEE NAP ROASTER

Café

70 Seongmisan-ro 27-gil, Mapo-gu | +82 2-332-4131

Gajwa / sortie 4 | Lundi-vendredi 10h-17h30 / samedi-dimanche 11h-18h30 | @coffeenap_roasters | Coffeenaproasters.com | ₩

Un café branché et très photogénique, connu pour sa décoration de colline de briques, ces dernières faisant office de chaises à l'intérieur. Les baristas préparent avec soin expresso et cafés filtres issus de grains de qualité, qu'on sirote tranquillement dans ce bijou architectural.

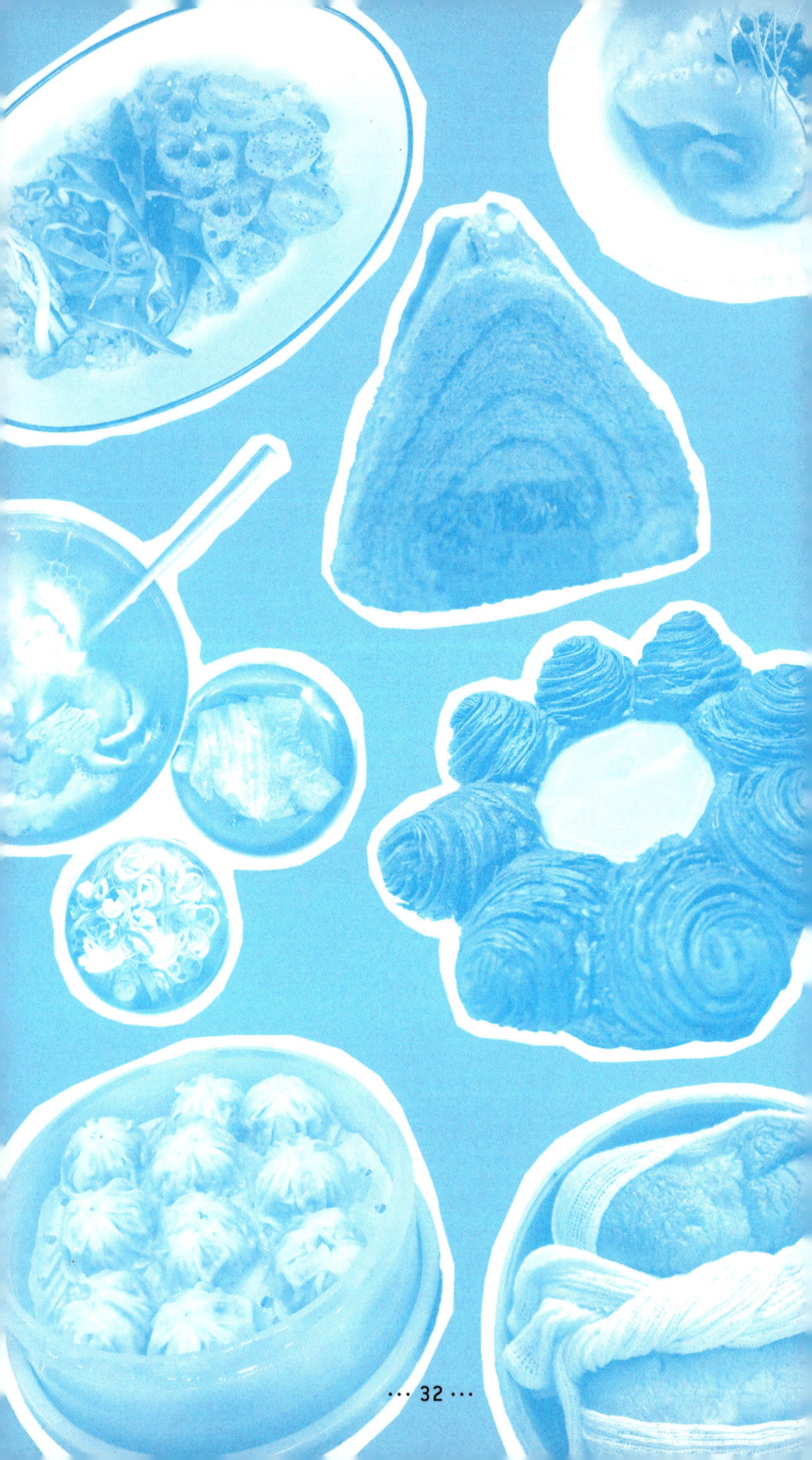

La crème de la crème
POUR BIEN MANGER

PARCE QUE LA CUISINE FAIT TELLEMENT PARTIE DU VOYAGE, NOUS AVONS SÉLECTIONNÉ POUR VOUS LA CRÈME DE LA CRÈME DES ADRESSES « FOOD ». RESTAURANTS ICONIQUES, PÂTISSERIES INCONTOURNABLES, MARCHÉS OU COMMERCES DE BOUCHE EMBLÉMATIQUES, ET BIEN PLUS ENCORE ! CHACUN DE CES LIEUX GOURMANDS EST UNE EXPÉRIENCE GUSTATIVE QUI VOUS LAISSERA UN SOUVENIR INOUBLIABLE.

Jongno-Gu

SCANNEZ CE QR CODE
ET ACCÉDEZ À LA CARTE
Palais de Gy
15
13
12
TONGIN-DONG
Gyeongbokgun
HAENGCHON-DONG
18
16
Palais de Gyeo

0
500
1 000 m
11
-GU
Village Hanok de Bukchon
kgung
Parc Naksan
20
Palais de Changdeok
17
6
9
10
7
ANOK VILLAGE
4
22
IHWA-DONG
5
Anguk
21
IKSEON-DONG
25
Muraille de Séoul
14
nghwamun
1
2
3
8
23
24
INSA-DONG
ung
Jongno 3 (sam)-ga
Palais de Gyeongbokgung
Marché de Gwangjang
Forêt de Séoul
Musée Leeum
Marché aux poissons
Seoul Arts Center

Sanchon

ADRESSE
30-13 Insadong-gil,
Jongno-gu

TÉLÉPHONE
+82 2-735-0312

MÉTRO
Jongno 3(sam)-ga / sortie 5

HORAIRES
Tous les jours 11h30-22h

PRIX
₩₩

À 9 mn du temple Jogyesa

Dans le creux d'une ruelle sans issue se cache un écrin de sérénité pour un repas quasi médiatif. Tenu par un ancien moine soucieux de nous faire découvrir la nourriture traditionnelle des temples coréens, l'expérience débute dès l'entrée du restaurant, où une forêt hétéroclite de plantes et d'objets de décoration nous accueille au son apaisant d'un piano sur lequel le propriétaire à l'habitude de jouer. L'atmosphère est posée.

Avant de passer à table, on glisse ses mains sous une fontaine cristalline pour se purifier. Une valse d'une vingtaine de petites assiettes toutes végétariennes et de saison, sans additif et assaisonnées par les herbes des montagnes coréennes, rythment notre repas. Ginseng amer et relevé, **bouillon frais au kimchi,** daikon relevé d'une touche de piment, bol de riz chaud et son ragoût, *namul,* coriandre brute. C'est mijoté, ça a du goût. Une lenteur apaisante dans la bouillonnante Séoul. Un lieu **atypique et hors du temps.**

On adore

Piocher dans cette ronde de plats au rythme de nos envies et de notre faim dans une ambiance détendue.

→ sanchon.com

Cheongsudang

ADRESSE
31-9 Donhwamun-ro 11na-gil,
Jongno-gu

TÉLÉPHONE
+82 507-1318-8215

MÉTRO
Jongno 3(sam)-ga / sortie 4

HORAIRES
Tous les jours 10h30-21h
(dernière commande à 20h30)

PRIX
₩₩

À 9 mn du temple Jogyesa

Un goûter bucolique dans la jungle urbaine, c'est la promesse de Cheongsudang. Situé dans un ancien *hanok* du XIVe siècle, l'accès à ce café verdoyant se fait par un petit chemin de pierres pavées, encadré de lanternes traditionnelles et d'une forêt de bambous d'où s'échappe le glouglou apaisant d'une fontaine. À l'intérieur, soit on s'assied le long d'un plan de travail en pierre – fendu d'un chemin de table herbacé – soit on se « tatamise » directement au sol dans les petites salles du café offrant une vue sur le jardin.
Les desserts et les boissons sont à l'image du lieu : **verdoyants, printaniers et aériens.** On fond pour le fromage cake (une sorte de cheesecake revisité) goût matcha, sésame noir ou fraise présenté dans un petit plat carré comme un morceau de sous-bois que l'on aurait prélevé. La première bouchée nous offre un mélange de *chiffon cake* moelleux allié à une mousse aérienne et gourmande saupoudrée de matcha aux notes de romarin et d'aneth. Pour la soif, les thés et cafés glacés sauront vous désaltérer. Mais que serait un goûter sans une totale gourmandise ? Celle-ci se trouve dans le **matcha cream latte glacé,** boisson signature du café.

On adore

Le soufflé Castella à la fraise ! Ce soufflé chaud préparé à la demande dévoile, sous sa surface de sucre glace, un gâteau léger entremêlé d'une compote de fraises en morceaux et d'un peu de crème. L'avantage des pâtisseries coréennes ? Elles sont peu sucrées, se terminent facilement et vous n'êtes donc pas obligé de les partager.

→ INSTAGRAM : **@cheongsudang_**
→ **glowseoul.co.kr**

Soha Salt Pond

ADRESSE
21-5 Supyo-ro 28-gil,
Jongno District

TÉLÉPHONE
+82 50-71353-8215

MÉTRO
Jongno 3(sam)-ga / sortie 4

HORAIRES
Tous les jours 9h-21h
(dernière commande à 20h30)

PRIX
₩₩

À 10 mn du palais de Changdeok

C'est la dernière lubie culinaire coréenne : les petits pains ! De prime abord, rien de bien exceptionnel pour nous autres Français, mais c'est sans compter l'originalité des saveurs de Soha Salt Pond. Pour y goûter, il faut faire la queue et patienter (astuce : allez-y en semaine). Le café, qui s'est installé dans un des nombreux *hanok* qui peuplent Ikseon-dong, se démarque par son décor recréant des marais salants où vous pourrez bien évidemment vous prendre en photo. La thématique ici, et vous l'aurez compris, c'est le sel, impossible donc de contourner le classique petit pain nature salé **doré et croustillant** à l'extérieur, fourré d'une délicieuse crème légère salée à l'intérieur.
Un classique qui se décline en de multiples autres saveurs : maïs, crème de lait, poireaux, fromage, cacahuète ou encore truffe... On apprécie l'équilibre salé-sucré de ces petits pains tout sauf écœurants. Côté boisson, on reste dans le salin et on se désaltère avec un **café glacé au beurre salé,** un **thé glacé yuzu salé** ou un **latte crémeux aux fraises** et au sel. Un café qui sait comment mettre son grain de sel dans nos petits pains !

On adore

Le petit pain salé au mentaiko. On le repère tout de suite dans la vitrine par son allure ! Surmonté de tiges de ciboulette, d'une feuille nori et d'une petite motte de beurre carrée assaisonnée au colin, on n'a qu'une envie : croquer dedans. En bouche, le résultat est surprenant et régressif tant les saveurs salées nous font plonger dans une vague marine tout en arrivant à se marier parfaitement avec la sucrosité du chocolat.

→ INSTAGRAM : **@sohasaltpond**

小夏
鹽田

On 6.5

À 10 mn du temple Jogyesa

ADRESSE
28 Bukchon-ro 1-gil,
Jongno-gu

TÉLÉPHONE
+82-10-4278-2024

MÉTRO
Anguk / sortie 1

HORAIRES
Lundi-vendredi 17h30-23h
(dernière commande 21h40)
Samedi-dimanche 15h-23h
(dernière commande 21h40)
Réserver sur Catchtable.

PRIX
₩₩ à ₩₩₩

À Séoul, impossible d'échapper au **kimchi.** Emblème national, ce mets traditionnel s'invite dans tous les *banchan,* ces petits plats d'accompagnement des repas coréens. Il fait tellement partie du paysage culinaire qu'il en deviendrait presque un personnage secondaire... Qu'à cela ne tienne, il revient sur le devant de la scène avec le chef Lee Jung Soo, qui en a fait sa lubie culinaire. Tel un alchimiste, l'homme fermente, assaisonne, pimente ou acidifie à 6,5 degrés, température idoine pour que le kimchi révèle toute sa splendeur.
Dans l'assiette, des tapas saisonnières, comme ce *gimbap-kimchi* d'ormeaux moelleux surmonté d'une tranche de *dongchimi,* un kimchi de radis doux, et d'une pointe de crème... au kimchi. Côté réconfort, on apprécie beaucoup le plat signature du chef : un **kimchi farci à la viande hachée** qui baigne dans son jus pimenté et que l'on termine à la cuillère ! Un bémol, l'obligation de consommer une bouteille d'alcool. Mieux vaut donc être plusieurs pour la partager afin que l'addition ne vous mette pas dans les choux !

On adore

Le kimchi frit. On donne un bon coup de cuillère dans la crème au kimchi de ce mont-blanc version salée. En dessous, se dévoilent des rolls de kimchi croustillants et pimentés. En bref, une ascension gustative !

→ INSTAGRAM : **@on6.5_seoul**

IMCHI

A Flower Blossom on the Rice

À 5 mn du square de Yeol-lin Songhyeon

ADRESSE
3-6 Insadong 16-gil, Jongno-gu

TÉLÉPHONE
+82 2-732-0276

MÉTRO
Anguk / sortie 6

HORAIRES
Tous les jours 11h30-15h / 17h30-21h
(dernière commande à 20h10)
Réserver sur Catchtable.

PRIX
₩₩₩

Dans le restaurant de la cheffe Song Jeong Eun, 95 % des plats sont composés à partir d'ingrédients locaux et bio. En entrée, on se laisse aller à la chaleur d'une soupe de choux perlée de **sarrasin grillé** qui se complète avec des chips d'algues et de champignons. On se laisse surprendre par l'assiette de *yamjeon*, la petite crêpe coréenne d'**enoki frit,** de lotus et de kimchi à la pâte de soja. Vos baguettes s'attarderont surtout sur le ***japchae* vegan** au poivron rouge servi avec son pain vapeur. Dans ce plat, la viande a laissé sa place aux songibeoseot (champignons de pins) et aux pleurotes, délicatement relevés par une huile de gingembre et de poivre sancho. Le dessert reste dans le thème avec un assortiment de délicieux *yakgwa*, un plat traditionnel en forme de fleur au sirop de céréales, et de *yugwa*, un biscuit de riz soufflé. Une **parenthèse bucolique** pour ce restaurant qui possède une étoile verte au *Michelin.*

On adore

Le* bojagi bibimbap, *le plat signature de la maison qui arrive comme un cadeau sur la table ! Enveloppé dans une fine omelette crêpée aux œufs, on défait le ruban d'algue pour découvrir à l'intérieur un bibimbap multicolore avec cinq légumes sautés et du riz. Un délice pour les yeux et le palais.

→ INSTAGRAM : **@flowerrice_official**
→ **goodbab.co.kr**

Tea Therapy

ADRESSE
74 Yunboseon-gil, Jongno-gu

TÉLÉPHONE
+82 10-6316-4092

MÉTRO
Anguk / sortie 2

HORAIRES
Tous les jours 10h-21h

PRIX
₩

J'ai souvent les mains froides. Je transpire beaucoup. J'ai une mauvaise digestion ou je suis stressé. Autant de problématiques auxquelles vous trouverez des solutions chez Tea Therapy. Dans cette maison de thé rustique où vécut Yun Po-sun, ancien président de la Corée du Sud, on soigne les maux et les bobos en concoctant des **thés sur mesure.** Sur les étagères, bien alignées, une multitude de fioles d'apothicaire renfermant les précieuses herbes et fleurs. Après avoir marché 20 km dans les rues de Séoul, buvez quelques gorgées d'un **omija,** un thé traditionnel coréen aux baies de magnolia, pour retrouver un peu de vitalité ! Un chat dans la gorge après un karaoké ? Avalez une tisane chaude aux **racines de campanule** (oui, ça se boit) et à la poire. Vous allez bien ? Tant mieux, Tea Therapy propose des petits menus de thés saisonniers. Thé glacé à la mûre ou au ginseng brûlant...

À 5 mn du Seoul Museum of Craft Art

On adore

Se faire infuser les pieds ! Accolés à la devanture, trois bassins en cuivre doré pour se faire un bon bain de pieds tout en sirotant son thé. Lors de votre commande, vous pouvez choisir l'option relaxation ou circulation sanguine. Des bassins s'échappent de délicieuses odeurs de cannelle et de menthe. Un quart d'heure de détente pour lever le pied.

WOOYOUNGMI
PARIS

Cafe Onion

ADRESSE
5 Gyedong-gil, Jongno-gu

TÉLÉPHONE
+82 70-7543-2123

MÉTRO
Anguk / sortie 3

HORAIRES
Lundi-samedi 7h-22h
Dimanche 9h-22h

PRIX
₩

Lors de votre périple culinaire séoulite, arrêtez-vous au moins une fois au café Onion Anguk ! Une adresse bien connue de la chaîne de cafés incontournable de Séoul : Onion. À deux pas du palais royal de Gyeongbokung, Café Onion a pris ses quartiers dans un ancien ***hanok*** **modernisé** où la jeunesse du coin ainsi que les touristes aiment venir se requinquer.
Pour la soif, le choix est large et difficile à faire entre les thés au yuzu, les latte à la citrouille et les cafés glacés. Encore plus compliqué de se décider face aux pâtisseries et aux snacks salés. Croquez dans les gargantuesques **croissants coréens** fourrés à la fraise, au raisin ou au chocolat. Avalez un **scone matcha** tartiné de pâte de haricots rouges que vous aurez posé sur l'une des tables en bois à même le tatami qui entoure le café. Bref, mettez-en vous plein les doigts pour un goûter en bonne et due forme. Plutôt en semaine à l'heure du goûter.

On adore

Le pandoro version coréenne. Il se présente comme un chapeau de lutin recouvert de sucre glace. Suivez les conseils de dégustation de cette pâtisserie signature d'Onion : coupez, trempez et dégustez !

À 10 mn du palais de Gyeongbokgung

→ INSTAGRAM : **@cafe.onion**

Mil Toast House

À 10 mn du palais de Changdeok

ADRESSE
30-3 Supyo-ro 28-gil, Jongno-gu

TÉLÉPHONE
+82 2-766-0627

MÉTRO
Jongno 3(sam)-ga / sortie 6

HORAIRES
Tous les jours
8h-22h

PRIX
₩₩

C'est mon nez qui m'a guidée vers Mil Toast House, envoûté par les effluves croustillants de petits pains en train de cuire dans les ruelles d'Ikseon-dong. À l'intérieur, direction le comptoir qui entoure la cuisine ouverte pour observer les **vapeurs gourmandes** de pains en train de mijoter dans des paniers en bambou généralement utilisés pour la cuisson des dim sum.
Au maïs, à la châtaigne ou à la patate douce, ils arrivent dans leur panier, délicatement emmaillotés dans un linge. On découpe à la main ce pain encore **brûlant et moelleux** que l'on recouvre ensuite d'une bonne louche de crème. Puis on croque ! N'hésitez pas à l'accompagner d'une soupe d'oignons ou de champignons. Attendez la tombée de la nuit ou le petit matin pour y faire un tour afin d'entendre le bruit de la vapeur plutôt que le brouhaha des touristes.

On adore

Le pain perdu soufflé croustillant et doré à l'extérieur, et rebondi à l'intérieur. Une gourmandise accompagnée soit d'une boule de glace vanille, soit de fromage à la myrtille ou à la groseille. Optez pour la simplicité : le pain perdu nature servi avec du beurre et de la pâte de haricots rouges.

→ INSTAGRAM : **@miltoasthouse**

mèl Toast

Dotori Garden

ADRESSE
19-8 Gyedong-gil, Jongno-gu

TÉLÉPHONE
+82 50-71476-1176

MÉTRO
Anguk / sortie 3

HORAIRES
Tous les jours
8h-23h

PRIX
₩ à ₩₩

À 10 mn du palais de Changdeok

Retour en enfance dans ce petit café qui semble sorti tout droit d'un film du Studio Ghibli. Dans cette ancienne maison décorée avec soin, on s'installe dans l'endroit qui nous convient : la bibliothèque, le salon, la terrasse ou le jardin, tout est **bucolique.** Direction ensuite la boulangerie et la salle des yaourts. Une caverne de gourmandise d'où s'échappent des **cannelés au sésame noir,** des croissants au basilic et au pesto, des pains au beurre et aux haricots rouges, des cookies et des cakes par millier.
On accompagne ces viennoiseries d'un grand bol de yaourt grec fait maison agrémenté de muesli, de fruits et surtout de gros et vrais morceaux de miel. Le tout se marie très bien avec un bon café ou un **latte au sésame noir** avec encore une fois un vrai morceau de miel. Petit déjeuner, goûter ou simple pause, le seul complice de votre gourmandise sera la mascotte du lieu : un petit gland tout bleu.

On adore

Les madeleines en forme de gland : pistache, noisette, fleur d'oranger, earl grey ou chocolat... ne manquez pas les viennoiseries phares de Dotori qui représentent la mascotte des lieux.

→ INSTAGRAM : **@dotori__seoul**

DOTORI GARDEN
DOTORI GARDEN
DOTORI NEW BAKERY

Tteoksan

ADRESSE
14 Bukchon-ro, Jongno-gu

TÉLÉPHONE
+82 507-1309-1014

MÉTRO
Anguk / sortie 2

HORAIRES
Mardi-dimanche
11h30-20h

PRIX
₩

Quand on parle de street food coréenne, l'idole est sans aucun doute le *tteokbokki.* Ce bâtonnet de riz moelleux légèrement sucré qui baigne dans son *gochujang* relevé, une sauce à base de pâte de piments amers. Le *tteokbokki* s'engloutit à chaque coin de rue séoulite, auprès des *pochas* ou des marchés nocturnes. Pour le plus **iconique,** ça se passe chez Tteoksan. Dans ce minuscule **restaurant familial,** on se pose au comptoir face à une grande casserole fumante où mijotent les fameux *tteokbokki.* Le secret? La sauce! Un mélange de quinze ingrédients dont la recette est gardée **secrète** par Ha Min-ji et sa famille depuis trois générations, et qui leur a valu le premier prix au concours de sauce fermentée Jang à Séoul en 2021.
Cette cuisine de rue arrive sur un joli plateau de bois, où les *tteokbokki,* brûlant dans leur bol, se découpent aux ciseaux et s'avalent en un coup de baguette. On trempe un doigt dans la sauce épaisse, un peu moins épicée que la moyenne, en hésitant presque à demander du pain pour saucer l'assiette. Service jeune dans une atmosphère souriante sur fond de musique jazz.

On adore

L'eomuk-tang.** Cet autre incontournable de la street food coréenne est un bouillon réconfortant et léger de gâteau de poisson blanc. Parfait en accompagnement pour contrebalancer le piment des **tteokbokki.

À 10 mn du palais de Changdeok

TTEOKSAN
德산山

Suyeon Sanbang

ADRESSE
8 Seongbuk-ro 26-gil, Seongbuk-dong, Seongbuk-gu

TÉLÉPHONE
+82 2-764-1736

BUS
Dongbang Culture Univ. (bus 2112 ou 1111)

HORAIRES
Mercredi-vendredi
11h30-17h50
Samedi
11h30-18h / 19h-21h50
Dimanche
11h30-19h40

PRIX
₩₩

À 20 mn de la muraille de Séoul (Hanyangdo-seong)

Au pied de la montagne du Bukhansan, en périphérie de Séoul, se cache un havre de paix : Suyeon Sanbang. Le lieu est idéal pour échapper à la chaleur estivale étouffante. On peut s'installer à l'intérieur ou sous les tonnelles du jardin, à l'ombre des érables japonais. J'ai opté pour un délicieux ***bingsu* maison** fait de glace pilée recouverte de pâte de haricots rouges et de citrouille cuite à la vapeur puis coiffé de petits *injeolmi* nature. Une coupe de fraîcheur en plein été.
Les thés, eux, sont à l'honneur et préparés traditionnellement avec grand soin. Dans des petites théières en céramique, on infuse du thé vert glacé au matcha. Du **thé aux baies de goji** et fleurs de chrysanthème pour rafraichir l'organisme ou encore le **thé au coing** et au extraits de campanule pour les bronches. Chaque gorgée est une invitation à la détente dans une ambiance où les bâtons d'encens plantés un peu partout dans le jardin nous font méditer. Après tout, Suyeon Sanbang peut se traduire par « la maison où les écrivains se réunissent dans les montagnes. »

On adore

Le thé omija de Mungyeong connu pour la qualité de sa production. Cette boisson traditionnelle est excellente pour s'hydrater l'été et se tonifier l'hiver. Petit plus, elle régule le taux de sucre dans le sang après un gros repas !

→ INSTAGRAM : **@sooyeonsanbang**

12 LA CRÈME DE LA CRÈME **DU SAMGYETANG CONTRE LE DÉCALAGE HORAIRE**

Tosokchon Samgyetang

ADRESSE
5 Jahamun-ro 5-gil, Jongno-gu

TÉLÉPHONE
+82 2-737-7444

MÉTRO
Gyeongbokgung / sortie 2

HORAIRES
Tous les jours
10h-22h

PRIX
₩₩

À 10 mn du palais de Gyeongbokgung

Il y a des adresses pour lesquelles on a une tendresse particulière. Tosokchon Samgyetang en fait partie. C'est le premier restaurant dans lequel j'ai atterri la toute première fois que je suis venue en Corée du Sud, en mai 2018. À l'époque, en plein décalage horaire, j'avais opté pour le plat qui fait le succès de la maison : le *samgyetang*. Un jeune poulet entier farci de riz, de noix, de jujube et d'ail, servi dans une petite marmite de **soupe brûlante de ginseng.** Une cantine incontournable qui, sept ans plus tard, n'a pas pris une ride. À table ou sur des tatamis, locaux et touristes de passages se délectent dans une ambiance toujours aussi familiale et bruyante. De mon côté, j'ai repris ma madeleine de Proust accompagnée d'un verre de *insamju,* une liqueur de ginseng. Un plat de réminiscence où l'on découpe le **poulet tendre** à la baguette avant de le tremper dans un mélange de sel et de poivre. À la table d'à côté, cinq *halmeoni* qui viennent depuis 30 ans m'observaient d'un œil discret pour s'assurer que je termine tout le bouillon parce que « c'est bon pour la santé » !

On adore

Le samgyetang toujours aussi savoureux sept ans plus tard. Meilleur remède contre le décalage horaire et, aussi surprenant que cela puisse paraître, excellent plat lors des journées chaudes grâce au désaltérant ginseng.

→ INSTAGRAM : **@tosokchon**
→ **tosokchon.com**

Pomme Bar

ADRESSE
15 Jahamun-ro 9-gil,
Jongno-gu

TÉLÉPHONE
+82 2-725-4750

MÉTRO
Gyeongbokgung / sortie 2

HORAIRES
Mardi-dimanche
16h-1h

PRIX
₩₩

À 10 mn du palais de Gyeongbokgung

Une pomme à Séoul. Il n'en fallait pas plus pour éveiller ma curiosité de Normande. Le temps d'une soirée, je me suis accoudée au comptoir du Pomme Bar face à des barmans adorables et passionnés. Dans chacune de leurs mixologies, ils magnifient un seul produit : la **pomme** ! Liqueur, aromate, fruits et légumes coréens de saison viennent quant à eux apporter la nuance de perfection. À la carte, douze cocktails signature de qualité. Pour vous y retrouver, observez la gravure de pomme en haut de chaque page. Plus celle-ci est croquée, plus le degré d'alcool est élevé. Laissez-vous tenter par l'**Apple Garibaldi** réalisé à partir du whisky Forbidden Fruit, de jus de pomme pressé mousseux, de citron et de bitter, le tout surmonté d'une tranche... de pomme ! Fraîcheur garantie avec le **Sour Yoo,** un cocktail qui met en harmonie un vin de pomme de la province de Chungcheong infusé d'herbe et d'épices au kombucha. Un cours instant, je retrouve les vergers de mon grand-père. Un cocktail de souvenirs autant que d'émotions.

On adore

Le Melon Sour, cocktail originel de la maison. Gin aux pommes, bitter italien, cannelle coréenne aux notes pimentées le tout surmonté d'une mousse de meringue. Vous ne croquez pas, vous buvez une tarte aux pommes !

→ INSTAGRAM : **@pomme_bar**
→ **pommebar.com**

Story of the Blue Star

ADRESSE
118-15 Gwanhun-dong, Jongno-gu

TÉLÉPHONE
+82 507-1336-3095

MÉTRO
Anguk / sortie 6

HORAIRES
Lundi-samedi 16h-minuit

PRIX
₩₩

À 10 mn du village hanok de Bukchon

Caché aux yeux de tous, à l'ombre d'une venelle : Story of the Blue Star. Ne passez surtout pas à côté de ce minuscule restaurant à l'allure rustique qui a pris ses quartiers dans un modeste *hanok.* Glissez-vous à l'intérieur pour découvrir l'univers **déluré et fascinant** du chef Choi Il Soon. Vieilles affiches de cinéma sans âge, photos en noir et blanc d'une Corée oubliée, plantes vertes en tout genre et inscriptions au mur des clients de passage reflètent l'âme de cet ancien acteur de théâtre. Désormais, c'est sa **cuisine bio** qu'il met sur le devant de la scène. Au menu de ce **pub version coréenne,** une multitude d'*anju* : immense *jeon* au kimchi, fruits de mer et oignons verts à partager, porc mariné, soupe et poisson grillé. Premier rôle pour le *kimchi dubu* : une assiette de tofu frais en forme de pyramide qui se marie avec un kimchi à tomber ! Le tout se déguste avec un verre de *makgeolli* qui arrive dans une bouilloire cabossée en laiton. Une taverne idéale pour refaire le monde avec ses amis dans une ambiance rendue bruyante par le souffle du ventilo.

On adore

Le makgeolli de Sangju. Un alcool de riz que Choi Il Soon a soigneusement sélectionné après avoir sillonné la Corée. Testez aussi le makgeolli aromatisé à la mûre ou aux aiguilles de pin.

Show
외부음식 반입금지
거꾸로 사는 세상
LOST
Lies

Tongin Cafe

ADRESSE
18 Jahamun-ro 1-gil,
Jongno-gu

TÉLÉPHONE
+82 2-722-0911

MÉTRO
Gyeongbokgung / sortie 2

HORAIRES
Mercredi-lundi 7h-21h
(pour le marché)
11h-15h (pour le café)

PRIX
₩

À 15 mn du palais de Gyeongbok-gung

Un petit creux à la sortie de votre visite du palais de Gyeongbokgung ? Direction le marché de Tongin, lieu idéal pour les novices de **street food coréenne.** Installé depuis 1941, sous des arcades couvertes, ce marché ronronnant a retrouvé un second souffle grâce au café Tongin qui propose une expérience culinaire ludique et gourmande.
À l'entrée du marché ou au 2e étage du café situé au milieu de l'arcade, on vous remet un plateau-repas vide et 10 pièces de yeopjeong, la monnaie de l'époque Joseon, en échange de cinq mille won (3,40 €). Avec ce petit tas d'or, parcourez l'allée, emplissez-vous les narines des effluves de *banchan* et surtout remplissez, en échange de votre monnaie d'époque, votre lunch-box de mets délicieux auprès des commerçants partenaires. *Mandu,* kimchi, *pajeon, tteokbokki, bugak* (chips d'algues), *gimbap* ou encore rouleaux de légumes, le choix de street food est infini et pour tous les appétits. Allez ensuite déguster votre butin dans le café où vous pourrez vous ravitailler en riz et en boisson. Un **plateau-repas** ou *dosirak* sur mesure pour un bon coup d'œil sur la street food coréenne.

On adore

Le dakgangjeong, ce fameux poulet frit, cuit en deux fois et recouvert d'une sauce aigre-douce et d'épices.

→ INSTAGRAM : **@tongin_official**
→ **tonginmarket.modoo.at**

Jaha

ADRESSE
110-48 Naesu-dong,
Jongno-gu

TÉLÉPHONE
+82 507-1473-0318

MÉTRO
Gyeongbokgung / sortie 7

HORAIRES
Jeudi-dimanche
11h-18h

PRIX
₩

À 13 mn du palais de Gyeonghuigung

Chez Jaha, les *tteok* sont des bijoux de gourmandise polis par les mains d'orfèvres d'une mère et de son fils. Chaque matin, dans leur café perché au dernier étage, ils confectionnent des gâteaux de riz fait maison grâce à une recette secrète bien gardée par la maman de Jo-Jeong Jae. Exposés sur le comptoir, une farandole de ***tteok* colorés** tranche avec l'esthétique minimaliste du café. L'œil gourmand s'approche. Décision cornélienne face à cette panoplie de garniture allant des fruits aux plantes aromatiques, en passant par la traditionnelle pâte de haricots rouges.
Les saveurs, ici, sont naturelles et coréennes : yuja, seoritae, armoise, kumquat ou yaksik... Servi sur un plateau, le *tteok* arrive accompagné d'une excellente tasse de café sélectionnée par Jo-Jeong Jae et d'une petite enveloppe contenant un fil de soie. Oui, car la dégustation de ces **bijoux sucrés** est précieuse chez Jaha, hors de question d'avaler les *tteok* en une bouchée. Nouez le fil de soie autour du gâteau de riz, puis serrez pour le découper en deux morceaux parfaits.

On adore

La bonté de Jo-Jeong Jae. Arrivée la première fois au moment de la fermeture, il m'a rattrapée dans l'escalier pour me glisser entre les mains deux tteok. Et sa gentillesse quand je suis revenue le lendemain et qu'il a pris le temps de m'expliquer l'histoire de Jaha.

→ INSTAGRAM : **@jaha_seoul**
→ **litt.ly/jaha_seoul**

JAHA

Woomoolzip

ADRESSE
200 Changsin-gil,
Jongno-gu

TÉLÉPHONE
+82 50-71318-7500

MÉTRO
Changsin / sortie 2

HORAIRES
Tous les jours
11h-15h / 17h-21h
Réserver sur Catchtable.

PRIX
₩₩

Nourriture réconfortante, calme et cadre hors du temps, c'est le triptyque gagnant de Woomoolzip. Situé sur les hauteurs de parc Naksan, le restaurant nous embarque, le temps d'un repas, dans une **méditation gustative.** Pas de salle commune mais de petites pièces privées à la décoration inspirée des *ryokan* japonais.
L'interlude de sérénité se poursuit dans l'assiette. La spécialité de Woomoolzip : les **fondues japonaises** (sukiyaki) avec une touche coréenne. La petite marmite en pierre arrive devant nous. Dans un bouillon encore en ébullition de bonite, de légumes frais ou de sauce soja, mijote une poitrine de bœuf extra-fine et goûteuse. Le frémissement du bouillon s'accompagne du crépitement doux d'un riz blanc assaisonné soit de tomates cerises et de basilic, soit de shiitakés et *doraji namul.* Les *banchan* de qualité – œuf cru, salade au yuzu, sauce pimentée et kimchi – ajoutent la touche de fraîcheur à ce **festin bouillonnant.**

On adore

Décoller le riz très cuit du plat en fonte avec de l'eau chaude, puis ajouter un peu de bouillon du sukiyaki pour en faire un délicieux porridge que l'on avale en se laissant bercer par le glouglou de l'eau qui s'échappe du puits et le mouvement des lampions japonais.

À 1 mn du parc Naksan

→ INSTAGRAM : @woomoolzip
→ litt.ly/woomoolzip.official

18 LA CRÈME DE LA CRÈME **DE LA CUISINE NORD-CORÉENNE**

Neungra Bapsang

ADRESSE
1-64 Haengchon-dong, Jongno-gu

TÉLÉPHONE
+82 2-747-9907

MÉTRO
Dongnimmun / sortie 3

HORAIRES
Tous les jours 11h-15h / 16h-21h

PRIX
₩₩

À 15 mn à pied du palais de Gyeonghuigung

Un saut culinaire au-dessus de la DMZ, c'est la promesse de Lee Ae-Ran à la tête de Neungra Bapsang. Il y a 28 ans, elle fuit la Corée du Nord pour se réfugier en Corée du Sud.
Goûtez absolument au *Pyeongyang naengmyeon* : des **nouilles de sarrasin** présentées en deux petits nids qu'il faut détricoter dans un bouillon glacé de bœuf. Le tout est agrémenté d'un œuf, de tranches de pomme, de concombre et d'une sauce pimentée dont le piquant s'atténue au contact du bouillon. Ne passez pas non plus à côté des appétissants *gamja mandu*, ces **raviolis nord-coréens** à la pomme de terre servis avec des feuilles de shiso. Lee Ae-Ran vous en voudra aussi un peu si vous ne testez pas ses *bindaetteok*, des **crêpes croustillantes** à base de haricots mungo à tremper généreusement dans une sauce soja.
Un festin et l'occasion de rappeler que l'unification des deux Corées commence à table.

On adore

L'association de Lee Ae-Ran qui aide les femmes nord-coréennes réfugiées à trouver un travail et à s'adapter à leur nouvelle vie en Corée du Sud.

→ INSTAGRAM : **@neungra_**
→ **neungra.com**

19 LA CRÈME DE LA CRÈME **DU RAGOÛT DE KIMCHI AU PORC**

Gwanghwamun Jip

ADRESSE
12 Saemunan-ro 5-gil, Jongno-gu

TÉLÉPHONE
+82 2-739-7737

MÉTRO
Gwanghwamun / sortie 8

HORAIRES
Tous les jours 9h-22h

PRIX
₩₩

À 6 mn de la statue du roi Sejong

C'est dans les vieux pots qu'on fait la meilleure soupe, et ça, Gwanghwamun Jip l'a bien compris. Depuis 30 ans, ce minuscule restaurant pas plus grand qu'un trou de souris sert l'un des meilleurs *kimchi jjigae,* un **ragoût de kimchi au porc,** de la capitale. Glissez-vous à l'intérieur de cette cantinette de 18 places encore dans son jus. Une fois assis, pas besoin de commander. Les serveuses déposent sur la table une copieuse portion de *kimchi jjigae* sur un réchaud au gaz devant vous. Plongez votre cuillère dans ce ragoût qui finit de mijoter pour y trouver des notes acidulées et pimentées. Gwanghwamun Jip utilise un kimchi vieilli et très cuit qui augmente l'acidité de la soupe et met en valeur le porc et le tofu. Encore faim ? Goûtez aussi au *gyeran mari,* une **omelette roulée** et farcie d'oignons verts, et au *jeyuk bokkeum,* un **porc sauté épicé.** Un repas avalé tout en regardant les derniers k-dramas du moment à la télévision.

On adore

Demander un bol de riz supplémentaire et versez-le dans le fond de la casserole, car chez Gwanghwamun Jip, aucune goutte de kimchi jjigae *ne se perd.*

Kyochon

ADRESSE
138-7 Hwa-dong, Jongno-gu

TÉLÉPHONE
+82 2-734-9992

MÉTRO
Anguk / sortie 2

HORAIRES
Tous les jours 11h-23h50

PRIX
₩₩

De nombreux Coréens vouent un amour sans bornes au *chimaek,* un mot composé qui désigne l'association réussie de morceaux de **poulet frit** servis avec une bonne **pinte de bière** dans de nombreux restaurants. Impossible donc, si vous souhaitez une expérience culinaire coréenne complète, de passer à côté de Kyochon, l'une des chaînes les plus populaires de poulet frit coréen. Ici pas de grande gastronomie, mais le poulet sans hormones est cuit avec moins d'huile et moins de pâte de friture pour un délice garanti. Kyochon propose plusieurs morceaux de poulet (ailes, pilons...).
Côté saveurs, le poulet frit au miel ainsi que celui au soja et à l'ail valent le détour. Les palais pimentés choisiront celui au poivron rouge. Les indécis des saveurs se rabattront sur le menu qui propose une combinaison de deux variétés. Pour ne pas vous en mettre plein les mains, une petite pince pour attraper le convoité poulet est mise à disposition, mais les sauces sont si régressives qu'on s'en lèche les doigts.

À 10 mn du palais de Gyeonghuigung

On adore

Le plaisir du chimaek en alternant une gorgée de bière et une bouchée de poulet frit.

→ INSTAGRAM : **@kyochon_official**
→ **m.kyochon.com**

안국점
KYOCHON 1991
734-9992
블랙
시크릿
02.734.9992

ON AIME AUSSI BEAUCOUP

21
DARAMGEE

CUISINE FUSION CORÉENNE

101 Seosulla-gil, Jongno-gu | +82 70-4258-8880 | Métro : Jongno 3(sam)-ga / sortie 7 | Mercredi-vendredi 17h-23h30 / samedi-dimanche 16h-23h30 | ₩₩

→ **@daramgee_official**

Le long de la muraille Hanyangdoseong, venez vous remplir les bajoues chez Daramgee, qui veut dire « écureuil » en coréen. Comme un petit rongeur, on grignote avec plaisir une farandole de tapas allant du *sundae* grillé de Jeju servi dans une sauce de pâte de soja fermenté en passant par la copieuse jeon aux crevettes. Le tout accompagné d'un verre ou d'une bonne bouteille de *makgeolli.*

22
SASA

CAFÉ TRADITIONNEL

147 Seosulla-gil, Jongno-gu | +82 2-762-7001 | Métro : Jongno 3(sam)-ga / sortie 7 | Lundi-vendredi 12h-18h / samedi-dimanche 12h-20h | ₩₩

→ **@sasa_seoul**

« Sasa », c'est le son des arbres se balançant dans le vent. Dans ce joli café *hanok,* profitez d'une pause sucrée pour goûter aux *gwapyeon* de saison, une gelée de fruits servie avec un thé de chrysanthème, ou d'un *garae-tteok* grillé, gâteau de riz cylindrique saupoudré d'*injeolmi* et qui s'accompagne d'un rafraîchissant *sikhye.*

JONGNO-GU

23

JAYEONDO SALT BREAD

BOULANGERIE

21-17 Supyo-ro 28-gil, Jongno-gu | +82 2-743-2245 | Jongno 3(sam)-ga / sortie 4 | Lundi-dimanche 9h-22h | ⓦⓦ

→ **@saltbread.in.seaside**

Chez Jayeondo, la recette est simple : des petits pains qui se vendent… comme des petits pains. Chaque jour, les amateurs de croquant comme ceux de moelleux se pressent en file indienne devant la boutique pour mettre la main sur l'unique produit de la maison qui a fait son succès : un petit pain au sel. Une douceur salée, dorée et beurrée encore meilleure quand elle se fait tiède à la sortie du four.

24

DONGBAEK BAKERY

CAFÉ

17-24 Supyo-ro 28-gil, Jongno-gu | +82 2-3144-0429 | Jongno 3(sam)-ga / sortie 4 | Lundi-dimanche 9h-22h | ⓦⓦ

→ **@dongbaek_official**

En sortant de chez DongBaek Bakery, on se sent aussi moelleux que les pancakes gourmands que l'on vient d'avaler. Ce café au charme rétro, inspiré des années 1960, propose une carte variée de cafés et de pancakes soufflés. Côté saveurs, il y en a pour tous les goûts : du classique au sirop d'érable au plus audacieux à l'Oreo, sans oublier le pancake soufflé au mochi et à la crème de marron que l'on gravit à coups de fourchette !

25

BALWOO

RESTAURANT VÉGÉTARIEN

71 Gyeonji-dong, Jongno-gu | +82 2-733-2081 | Anguk / sortie 6 | Lundi-samedi 11h30-15h / 18h-21h | ⓦⓦⓦ

→ **@balwoogongyang_officiel**

Juste en face de l'emblématique temple Jogyesa, Balwoo a pris ses quartiers au 5e étage du centre Templestay. Dans ce restaurant végétarien du chef Kim Ji-Young, on découvre les recettes ancestrales et délicates de la cuisine de temple. Le menu Seon nous emmène dans une dégustation méditative où se mêlent tofu braisé, porridge, kimchi et un délicieux assortiment de champignons frits relevés.

MES ADRESSES

Jung-Gu

SCANNEZ CE QR CODE
ET ACCÉDEZ À LA CARTE
Gwanghwamun
Rivière
30
Euljiro 1
SOGONG-DONG

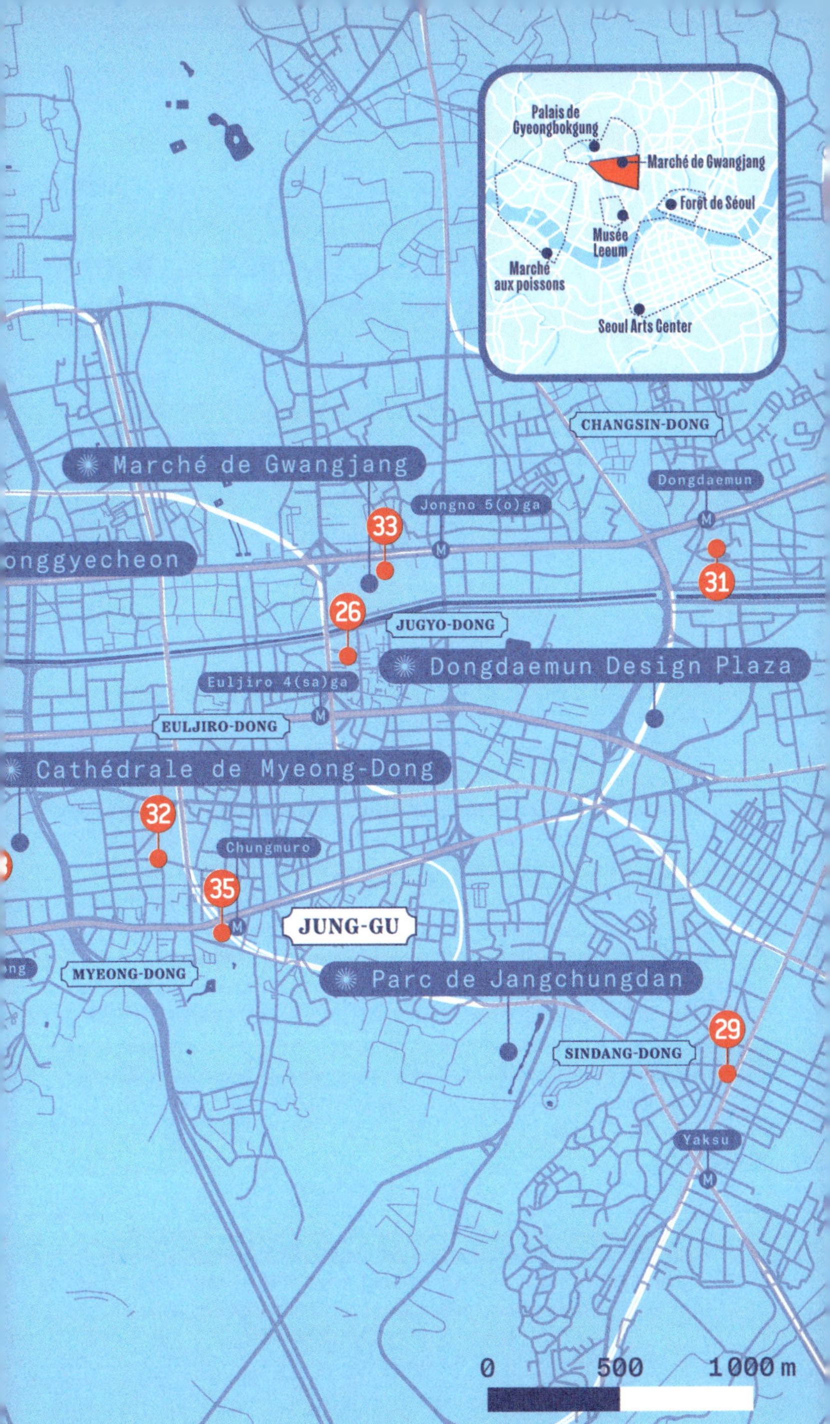
Palais de Gyeongbokgung
Marché de Gwangjang
Forêt de Séoul
Musée Leeum
Marché aux poissons
Seoul Arts Center
CHANGSIN-DONG
Marché de Gwangjang
Dongdaemun
Jongno 5(o)ga
33
onggyecheon
31
26
JUGYO-DONG
Dongdaemun Design Plaza
Euljiro 4(sa)ga
EULJIRO-DONG
Cathédrale de Myeong-Dong
32
Chungmuro
35
JUNG-GU
MYEONG-DONG
Parc de Jangchungdan
29
SINDANG-DONG
Yaksu
0
500
1000 m

Woo Lae Oak

ADRESSE
62-29 Changgyeonggung-ro, Jung-gu

TÉLÉPHONE
+82 2-2265-0151

MÉTRO
Euljiro 4 (sa)-ga / sortie 4

HORAIRES
Mardi-dimanche 11h30-21h
(Dernière commande 20h40)
S'inscrire sur la liste d'attente à l'accueil

PRIX
₩₩

À 4 mn du marché de Gwangjang

Un marathon d'attente pour un *finish* gustatif au sommet. Oui, car Woo Lae Oak se mérite ! Depuis 1946, cette institution se targue de servir les meilleurs *naengmyeon,* mais pour accéder à ces **nouilles froides de sarrasin,** servies dans un bouillon frais ou une sauce épicée, il faut faire preuve de patience. On prend son ticket à la borne ou directement au comptoir, puis on va s'asseoir à l'extérieur du restaurant sur de petits tabourets rouges en plastique au milieu des couples, des amis ou des familles coréennes. Le ventilo fonctionne à plein régime les jours de grande chaleur, il vous met en appétit en diffusant les effluves de **viandes grillées** et de **kimchi** qui s'échappent des cuisines.
À l'intérieur, le service est d'une efficacité redoutable. Un sourire, une carte en main et, en un instant, les plats arrivent sur la table. Ce jour-là, nous prenons un désaltérant *naengmyeon :* un nid de nouilles au sarrasin à démêler dans un bouillon agrémenté de tranches de pomme et servi dans un bol glacé. Parfait pour les jours de forte chaleur.

On adore

Le bulgogi *qu'on grille devant vous. Une viande savoureuse, juteuse et légèrement miellée à déguster brut ou dans une feuille de salade assaisonnée d'ail, de ciboule, de chou et de sauce soja, sans oublier la fameuse sauce* **ssamjang.** *Demandez une paire de ciseaux pour couper la viande !*

Hadongkwan

ADRESSE
12 Myeongdong 9-gil,
Jung-gu

TÉLÉPHONE
+82 2-776-5656

MÉTRO
Euljiro 1(il)-ga / sortie 5

HORAIRES
Lundi-samedi 7h-16h

PRIX
₩₩

À 2 mn du marché nocturne de Myeongdong

Perdurer dans le temps grâce à la simplicité d'une recette et la qualité des ingrédients, voilà le secret d'Hadongkwan. Tel un phare dans la valse des restaurants qui peuplent le touristique Myeong-dong, cette adresse, tenue par la même famille depuis 1939, garde le cap et sert le meilleur *gomtang* de la capitale coréenne. Mme Kim et son mari chef cuisinier n'ont pas changé d'un iota la recette de cette **soupe traditionnelle coréenne** de bœuf et de riz, et font appel aux mêmes fournisseurs de viande depuis 60 ans.

Dans cette cantine de quartier sans allure mais authentique où se pressent les travailleurs du coin, on plonge avec délice sa cuillère dans le **bouillon clair et léger** composé de tranches et d'os de bœuf ainsi que de riz qui a mijoté pendant plusieurs heures. Pour une dégustation à la coréenne, on assaisonne le tout avec les oignons verts émincés, le sel et le poivre à disposition, sans oublier d'attraper entre deux cuillères une tranche de kimchi fait maison lui aussi. S'il vous reste du riz dans votre bol en laiton, n'hésitez pas à demander aux serveurs de vous remettre un peu de bouillon.

On adore

Chez Hadongkwan, une fois la dernière louche de soupe servie et l'ultime tranche de bœuf avalée, on ferme jusqu'au lendemain. La légende raconte que le gomtang *a un tel succès que le restaurant n'a jamais fermé après 16h30. Vous êtes prévenu !*

→ hadongkwan.co.kr

Myeongdong Kyoja

ADRESSE
29 Myeongdong 10-gil,
Jung-gu

TÉLÉPHONE
+82 2-776-5348

MÉTRO
Myeongdong / sortie 8

HORAIRES
Tous les jours 10h30-21h
(dernière commande 20h30)

PRIX
₩₩

À 5 mn de la cathédrale de Myeongdong

La longue file d'attente de Coréens mêlés aux touristes ne donne pas vraiment envie de s'arrêter devant ce restaurant en plein cœur du quartier touristique de Myeong-dong. La faim peut heureusement nous faire prendre de bonnes décisions. L'attente n'est pas si longue et la carte se résume à quatre plats. On commande, on paye et on se fait conduire d'un bon pas à notre table individuelle ou familiale dans l'une des salles qui s'étalent sur plusieurs étages. Comme le quartier, cette cantine où se mélangent travailleurs, *ajumma* (ces femmes d'âge mûr au caractère... bien trempé), familles et touristes ne s'arrête jamais. Vous vous asseyez et en 10 mn votre voisin peut avoir changé plusieurs fois. Le temps s'arrête pourtant lorsque les **nouilles *kalguksu*,** coupées à la main, arrivent dans un nuage de vapeur. Le **bouillon de poulet gras et soyeux** agrémenté des toppings de viande hachée, de ciboule et de mini-dumping rend l'ensemble délicieux. Commandez en plus les *mandu,* des **raviolis transparents** de porc et de poireaux qu'on pourrait manger sans faim. Un mot dans cette cantine: *pali, pali* (« vite, vite »).

On adore

Le conseil de ma voisine, une grand-mère du quartier, qui m'a conseillé de rajouter un peu de mon verre d'eau dans le bouillon brûlant pour le rafraîchir.

→ mdkj.co.kr

Geumdwaeji Sikdang

À 13 mn du parc de Jang-chungdan

ADRESSE
149 Dasan-ro, Jung-gu

TÉLÉPHONE
+82 10-4484-8750

MÉTRO
Yaksu / sortie 2

HORAIRES
Tous les jours 11h30-23h
S'inscrire sur liste d'attente à l'accueil.

PRIX
₩₩

Quand c'est bon en Corée, il faut attendre. Encore plus quand c'est un barbecue de grande qualité à prix abordable. Geumdwaeji Sikdang – le « restaurant du cochon d'or » – coche toutes ces cases. Armez-vous de patience, 1h d'attente au minimum pour obtenir une table et goûter aux **mets incontournables** que sont le *samgyeopsal* (poitrine de porc) et le *moksal* (échine de porc). Des morceaux découpés à partir d'une **viande de grande qualité** issue d'un croisement de large white, berkshire et duroc. Pour un résultat en bouche à la fois ferme et moelleux, juteux sans être trop gras. Un équilibre parfait. La viande crépite, brunit, cuit et se fait belle devant vous. La fumée est avalée par la hotte dorée au-dessus du barbecue. La main soigneuse et experte d'un chef vient découper le tout, vous n'avez plus qu'à vous servir.
Plongez votre viande dans du gros sel, puis dans une marinade d'oignons et de sauce soja salée. Déposez le tout sur une feuille de salade, un morceau d'ail sur le dessus, une pointe de *ssamjang*... votre bouchée est prête. Le tout s'accompagne d'un ragoût de kimchi au porc dans lequel on ajoute soit du riz soit des *ramyeon.* On roule en sortant !

On adore

La bouchée de viande grillée où l'on remplace le morceau de salade par une feuille de basilic. Une bouchée aromatique et délicieuse.

→ INSTAGRAM : **@gold_pig1982**

Gwanghwamun Gukbap

À 8 mn de la rivière de Cheong-gyecheon

ADRESSE
53 Sejong-daero 21-gil, Sogong-dong, Jung-gu

TÉLÉPHONE
+82 2-738-5688

MÉTRO
Gwanghwamun / sortie 6

HORAIRES
Lundi-vendredi
11h-14h30 / 17h30-21h40
Samedi
12h-14h30 / 17h-21h

PRIX
₩₩

C'est au fond d'une cour sans allure qui donne sur un parking sans âme que le chef Park Chan-Il a implanté Gwanghwamun Gukbap. Ne vous fiez pas aux apparences, l'enjeu se joue entre les quatre murs de ce décor brut avec un plat que vous trouverez sur toutes les tables : le *dwaeji-gukbap,* une **soupe de porc et de riz** servis en temps normal dans le même bol. Sauf chez Gwanghwamun Gukbap ! Ici, le riz blanc arrive à part pour ajouter la quantité voulue dans le bouillon clair et léger concocté à partir d'os de porc et dans lequel on a déposé de fines lamelles de porc assaisonnées de ciboulette. On pioche aussi dans les *banchan* avec un excellent *kkakdugi,* à savoir du **kimchi de radis.** Un plat tout simple dans une cantine efficace. Chez Gwanghwamun Gukbap, on n'instagramme pas : le cliché parfait se déroule dans la bouche, en tête à tête avec nos papilles.

On adore

Le sundae au porc réalisé à partir d'intestins et de sang de porc. Plat typique de la street food coréenne, on le picore avec les mains comme une bonne entrée avant de passer au dwaeji-gukbap.

Cha Cha Tea Club

À 9 mn à pied du Dongdae-mun Design Plaza

ADRESSE
13 Jong-ro 46ga-gil,
Jongno-gu

TÉLÉPHONE
+82 70-4239-0713

MÉTRO
Dongdaemun / sortie 7

HORAIRES
Lundi-vendredi 13h-22h
Samedi-dimanche 11h-22h

PRIX
₩₩

Implantée dans un ancien *hanok,* cette maison de thé est dotée d'une courette centrale où le thé et les services sont mis en lumière par l'ouverture venue du toit. Tout autour s'harmonisent une multitude de petits espaces allant de la terrasse couverte à la petite alcôve traditionnelle en hauteur où l'on s'assied au sol. En retrait, silencieux, le maître des lieux, un svelte érable japonais, observe au fil des saisons tous les buveurs de thé. **Comme un grand cru,** le thé est mis à l'honneur lors d'une cérémonie que l'on effectue soi-même. Une fois ce dernier choisi – Keemun, Namna, Jingmai –, place aux infusions. La première pour nettoyer le thé, la seconde pour le déguster dans un service fin et élégant. Chaque table est dotée d'une bouilloire qui permet de remplir notre théière, quatre fois au maximum, après ça le thé perd de sa saveur. Pour les petites faims, une multitude de **gourmandises traditionnelles** faites maison. Un temps calme au cœur de Séoul comme dans un palais des thés.

On adore

Le set de pâtisseries traditionnelles avec une gelée de yuzu, un gâteau de riz au sésame, un* dasik *au matcha et un délicieux* yakgwa, *biscuit au miel ici en forme de fleur.

→ INSTAGRAM : **@chacha_willbegood**
→ **cha-cha.kr**

Songjuk Porridge

À 15 mn à pied de la cathédrale de Myeongdong

ADRESSE
31 Supyo-ro 6-gil, Jungi-gu

TÉLÉPHONE
+82 2-2265-5129

MÉTRO
Chungmuro / sortie 6

HORAIRES
Lundi-jeudi 7h-19h
Vendredi 7h-15h
Samedi-dimanche 7h-13h

PRIX
₩₩

Un peu patraque à cause du décalage horaire ? Filez chez Songjuk pour vous remettre d'aplomb. Depuis 50 ans, ce petit restaurant prend soin des estomacs délicats en servant de **savoureux et réconfortants** bols de porridge qu'on appelle *juk*. Habituellement consommé au petit déjeuner par les Coréens, le *juk* est aussi un excellent remède nutritif contre les coups de barre et les problèmes de digestion.
Dès 7h du matin, les gourmands en quête de bien-être se pressent pour avaler un **bol de ce riz crémeux** à souhait et imbibé de bouillon comme un risotto italien. Une bouillie onctueuse garnie, selon les goûts, de poulet, de crevettes, d'algues, de champignons ou encore d'huîtres.
S'il ne fallait en goûter qu'un, optez pour le traditionnel *jeonbok juk*, un porridge d'ormeaux surmonté d'un œuf cru, d'algues et de graines de sésame. Un petit déjeuner qui s'accompagne de jus frais et sain à base de ginseng, d'omija ou de jus de yam.

On adore

Le bouillon translucide, rosé et frais à base de radis que l'on boit à la fin du repas pour parfaire la digestion.

松竹 죽 전문점
粥專門店
MBC KBS 초청 맛자랑 멋자랑 TV방영
SONGJUK

ON AIME AUSSI BEAUCOUP

EULJIRO-DONG

33

BUCHON YUKHOE

RESTAURANT DE VIANDE CRUE

200-12 Jong-ro, Jongno-gu | +82 2-2267-1831 | Métro : Jongno5 (o)-ga / sortie 8 | Lundi-dimanche 10h-21h30 | ₩₩

→ **bcyukhoe.modoo.at**

Chez Buchon Yukhoe, que du cru dans l'assiette. Depuis 1965, ce restaurant propose la version coréenne de notre tartare. Goûtez au bœuf cru finement haché servi dans une marinade de sauce soja et d'huile de sésame, accompagné de tranches de poires et d'un œuf. Pour les estomacs les plus audacieux, choisissez la version avec du poulpe vivant !

MYEONG-DONG

34

MOM'S TOUCH

CHAÎNE DE POULET FRIT

199-8 Euljiro 2(i)-ga, Jung-gu | +82 507-1471-3799 | Métro : Euljiro 1(il)-ga / sortie 5 | Lundi-dimanche 10h30-22h | ⓦⓦ

→ **momstouch.co.kr**

À deux pas de la fourmilière de Myeong-dong, l'une des antennes de la célèbre marque de poulet frit s'est installée avec sa clinquante façade. Après une virée shopping, arrêtez-vous dans ce fast-food pour une rassasiante pause en optant pour la barquette classique ou à la sauce pimentée. À déguster directement avec les doigts !

35

CAFFE ON THE PLAN

CAFÉ

202 Toegye-ro, Jung-gu | +82 2-2268-7080 | Métro : Chungmuro / sortie 2 | Lundi-dimanche 7h-24h | ⓦ

Un joli point de chute lorsque l'on débarque à Séoul et que l'on explore les lieux autour de son logement. Dans une vitrine moderne, bien fournie en pâtisseries et viennoiseries alléchantes, faites votre choix entre les scones, tartelettes, croissants et cannelés. La carte des boissons est tout aussi fournie. Coup de cœur pour le pain suisse crémeux et chocolaté, accompagné d'un dalgona café glacé tout aussi onctueux. Idéal pour se remettre doucement du décalage horaire !

36

CHICK GIMBAP

GIMBAP

19-3, Myeongdong 10-gil, Jung-gu | +82 779-7778 | Métro : Myeongdong / sortie 8 | Lundi-dimanche 8h-21h | ⓦ

→ **@chickgimbap_official**
→ **chickgimbap.com**

Pause gourmande à prix abordable chez Chick Gimbap, où l'on vient avant tout pour savourer les *gimbap.* Une enfilade de rouleaux d'algue et de riz séché qui se déclinent en 11 saveurs différentes, garnis de viande, légumes frais ou encore poisson. La cantine sert aussi les classiques de la street food coréenne : *tteokbokki, yubuchobap* et *eomuk-tang.*

MES ADRESSES

Mapo-Gu

Mapo-gu Office
47
MAPO-GU
MANGWON-DONG
Mangwon
48
46
42
HAPJEONG-DONG
Parc de la rivi
Palais de Gyeongbokgung
Marché de Gwangjang
Forêt de Séoul
Musée Leeum
Marché aux poissons
Seoul Arts Center

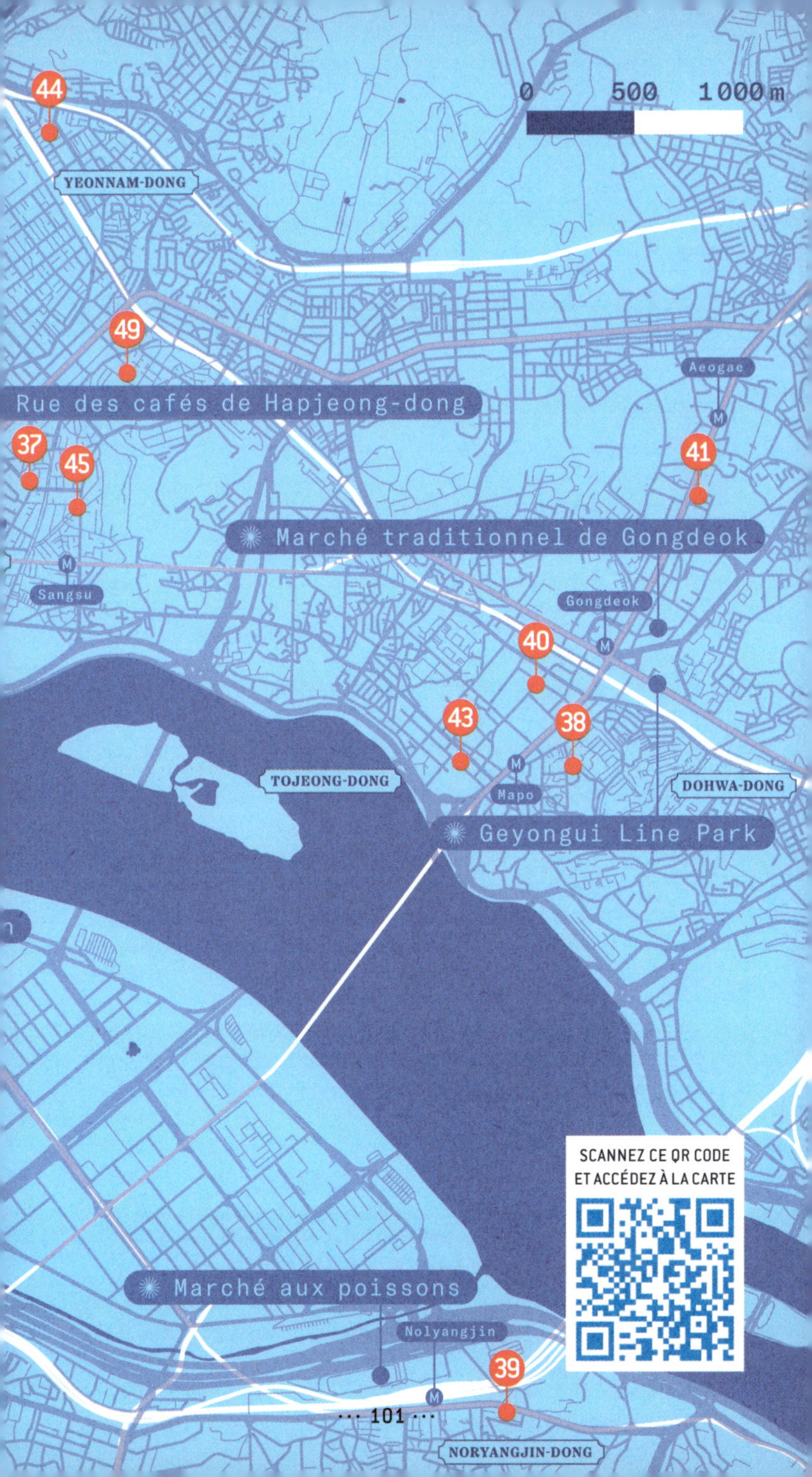
0 500 1000 m
44
YEONNAM-DONG
49
Rue des cafés de Hapjeong-dong
Aegae
41
37
45
Marché traditionnel de Gongdeok
Sangsu
Gongdeok
40
43
38
TOJEONG-DONG
Mapo
DOHWA-DONG
Geyongui Line Park
SCANNEZ CE QR CODE ET ACCÉDEZ À LA CARTE
Marché aux poissons
Nolyangjin
39
NORYANGJIN-DONG

Ramyun Library

ADRESSE
367-13 Seogyo-dong, Mapo-gu

TÉLÉPHONE
+82 507-13424-2463

MÉTRO
Hapjeong / sortie 3

HORAIRES
Tous les jours 24h/24h

PRIX
₩

À 7 mn de la rue des cafés de Hapjeong-dong

Minuit à Hongdae. Dans ce quartier festif qui ne dort jamais, la clochette d'un *convenience store* carillonne. La porte d'entrée s'ouvre sur des étagères remplies de curieux sachets : bienvenue à la Ramyun Library, une « bibliothèque » atypique qui propose près de **225 références** de *ramyeon* instantanés, des ramens coréens qu'on mange à toute heure. Au poulet, au bœuf, végétarien, citronné, au sésame... il y en a pour tous les goûts.
Comme un bon livre, on choisit son sachet (ils sont triés en fonction de leur degré de piquant). Pour les novices ou les indécis, foncez sur les plus populaires que sont le *bogeul budae jjigae* – un bouillon onctueux et épicé à base d'os à moelle et agrémenté de gâteaux de riz, de saucisse et de kimchi – ou le *sunhagun anseongtangmyun,* plus umami, à base de bouillon de bœuf et de poulet. Pour les palais les plus aguerris, on fonce goûter le *buldka ramyeon* et son sachet orné d'un poussin très énervé ! Le déroulé est simple et on suit les consignes traduites en plusieurs langues : passage à la caisse, achat de topping pour agrémenter, touillage, ébullition et on slurpe accoudé à une table.

On adore

Le plaisir de rajouter des bâtonnets de mozzarella qui fondent dans le bouillon ainsi qu'un œuf mollet pour un bol de* ramyeon *instantané encore plus coquin.

→ INSTAGRAM : **@cu_official**
→ **cu.bgfretail.com**

라면
RAMYUN
Library

라면
RAMYUN
Library
농심
오뚜기
진라면
순한맛
라면
매운맛
SHIN RAMYUN

Base is Nice

ADRESSE
20 Dohwa 2-gil, Mapo-gu

TÉLÉPHONE
+82 10-9617-6724

MÉTRO
Mapo / sortie 3

HORAIRES
Mardi-dimanche 11h-15h
Réserver sur Catchtable.

PRIX
₩₩

Le personnage principal des assiettes de la cheffe Jinah Jang : le légume. Dans son **restaurant végétarien,** Base is Nice, la cheffe s'active seule et dans le calme. Depuis cette cuisine de bois brut ouverte face à une salle d'une dizaine de places, on se laisse embarquer dans une observation culinaire quasi méditative. Couleur, texture, cuisson, respect de la saisonnalité, elle nous prépare avec une délicatesse d'artiste des menus qui font ressortir l'arôme oublié des potagers coréens. Hors de question de déguiser le produit.
Au menu de l'été : un rafraîchissant jus de roquette et de kiwi, des morceaux de melon blanc coréen sucrés, deux gombo légèrement grillés au barbecue et relevés d'une huile pimentée. La **claque de simplicité** et de goût nous vient de ce bol en ellipse, plat principal composé d'une base d'orge gluante recouverte de chou violet, de champignons shimeji, d'aubergine, de poivron, de lotus et de tomates cerises. Une apparente simplicité qui, à chaque bouchée, révèle des **saveurs disparues.** Gros succès et réservation à effectuer bien en avance pour obtenir une place dans ce paradis perdu végétarien que tout le monde veut approcher.

On adore

La soupe de carotte et de paprika relevée d'une touche de ciboulette.

→ INSTAGRAM : **@baseisnice_seoul**

À 15 mn de la Gyeongui Line Forest Park

RUE DE LA SOIF
Lucky You!

Cupbap Alley

ADRESSE
178, Noryangjin-ro,
Dongjak-gu

MÉTRO
Nolyangjin / sortie 3

PRIX
₩

À 13 mn à pied du marché aux poissons de Séoul

Budget serré pour ventre affamé ? Direction Cupbap Alley ! Une rue du quartier de Noryangjin, affublée d'une multitude de **petites gargotes** où étudiants en plein examen et employés de bureau pressés font la queue. La base de ce **plat populaire ?** Du riz sur lequel, en fonction de l'humeur et de la faim, on ajoute plusieurs garnitures : kimchi, soja, tranche de jambon épaisse en conserve, algues, fromage fondu voir même *tteokbokki*... les combinaisons sont multiples ! Pris d'une envie de sucre ? Les *bungeo-ppang* et les patates douces cuites à la vapeur sauront vous rassasier. Pour être dans l'ambiance, venez plutôt en fin de journée, lorsque les étudiants sortent de leurs cours particuliers et que l'allée est pleine à craquer.

On adore

Ma cupbap de riz-kimchi super protéinée faite sur mesure avec une tranche de jambon, une tranche de* tteok-galbi *(steak haché) recouvert d'un œuf au plat avec un mélange de ma composition : sauce soja et ssamjang. Un bol avalé à la cuillère entre deux étudiants sur le banc de l'arrêt de bus du coin.

18호
노량진로
170
만나 흑미컵밥 토스트
흑미컵밥
즉석토스트
만나 흑미컵밥 토스트
만나흑미컵밥 · 토스

Yukjeon Hoekwan

À 13 mn du marché traditionnel de Gongdeok

ADRESSE
47 Tojeong-ro 37-gil, Mapo-gu

TÉLÉPHONE
+82 2-703-0019

MÉTRO
Gongdeok / sortie 1

HORAIRES
Mardi-dimanche
11h-15h / 17h-22h

PRIX
₩₩

À Séoul, ce sont souvent les restaurants d'extérieur sans allure ni style qui font les meilleures cantines. Yukjeon Hoekwan ne déroge pas à la règle. Depuis 1929, les trois générations se sont transmis la recette secrète du plat emblématique du lieu : le *bassak-bulgogi*. Une viande de bœuf finement hachée qui marine pendant deux jours dans un mélange de sauce soja, d'huile de sésame, d'oignons verts et de cassonade avant d'être cuite au gril directement sur les flammes. La viande ne sera pas grillée devant vous comme dans les autres restaurants de barbecue. Quand elle arrive dans son assiette en laiton, goûtez-la telle quelle. En bouche, ça donne un ***bulgogi* croustillant,** fumé et légèrement miellé. Pour la suite, dégustez à la coréenne en vous préparant un ***ssam*** (roulé) en prenant une feuille aromatique de perilla, déposez votre morceau de *bulgogi*, un peu d'ail cru et de sauce *ssamjang*. Avalez le tout en une bouchée.

On adore

Le menu* bassak-bulgogi *encore et toujours. Preuve que c'est délicieux : si vous venez à la fin du service vers 15h vous verrez les employés manger la même chose à la table d'à côté.

→ INSTAGRAM : **@yukjeon**
→ **yukjeon.com**

Jinmi Sikdang

ADRESSE
186-6 Mapo-daero, Mapo-gu

TÉLÉPHONE
+82 2-3211-4468

MÉTRO
Aeogae / sortie 4

HORAIRES
Lundi-samedi 12h-15h / 17h-20h

PRIX
₩₩₩

Pas besoin de choisir chez Jinmi Sikdang. Le seul plat à la carte depuis 10 ans est le *ganjang gejang*: un **crabe frais** et entier qu'on a mariné dans la sauce soja. Fraîcheur garantie pour ce crustacé bleu livré chaque jour depuis la ville côtière de Seosan. Servi dans sa carapace avec ses œufs et copieusement arrosé d'une délicieuse marinade avec une pincée de piments verts coréens, on enfile nos gants en plastique pour le décortiquer. Goûtez la chaire nature pour apprécier le goût, le vrai, de ce produit brut.
Imitez ensuite votre voisin de table en versant une cuillère de riz dans la carapace, mélangez, puis enveloppez le tout dans une algue pa-reh-gim, qui ressemble à de la dentelle verte, pour une **exquise bouchée marine.** L'adresse est populaire, alors réservation conseillée pour ne pas passer à côté !

On adore

Le nurungji, un riz grillé servi dans un bouillon chaud pour aider à la digestion après ce crabe dodu.

À 13 mn du marché traditionnel de Gongdeok

→ thejinmi.modoo.at

Together Brewing

À 13 mn en métro du parc de la rivière Han

ADRESSE
17 Yanghwajin 4-gil, Mapo-gu

TÉLÉPHONE
+82 507-1493-9991

MÉTRO
Hapjeong / sortie 7

HORAIRES
Mercredi-samedi 9h30-13h / 14h-18h30

PRIX
₩₩

Dans sa brasserie artisanale et locale Together Brewing, Choi Woo-Tack joue à l'alchimiste. Son objectif? Insuffler un vent de **modernité** au *makgeolli,* un **alcool de riz laiteux** très populaire en Corée. Au mélange de riz cuit, d'eau et de nuruk, il ajoute des arômes fruités, amers, acidulés... En salle de dégustation, on peut goûter gratuitement aux six saveurs signature de la Maison que sont le *makgeolli* pomme-menthe, anis, yuzu, earl grey, melon et fleur de prunier. Le résultat en bouche est une explosion de **saveurs pétillantes et légères** que l'on pourrait associer parfaitement avec un dessert. Pour garantir la qualité, Choi Woo-tack ne produit qu'une centaine de bouteilles de chaque saveur par mois pour les particuliers. Le reste de la production alimente les restaurants et bars de la capitale. Le brasseur aime aussi proposer des saveurs exclusives au fil des saisons : citrouille et melon pour un verre réconfortant en plein automne, ou encore pastèque rafraîchissante dans l'été séoulite étouffant. *Geonbae !*

On adore

Le Summer Delight. Ce makgeolli disponible uniquement en juin et juillet est élaboré à partir de la variété de raisins japonais shine muscat pour une gorgée pétillante très sucrée avec des notes d'agrumes.

→ INSTAGRAM : **@togetherbrewery**
→ **litt.ly/togetherbrewery**

연희매화
매화0.1% 375ml 12%
연희유자
유자1% 375ml 10%

Lee Buk Bang

ADRESSE
16 Mapo-daero 1-gil, Mapo-gu

TÉLÉPHONE
+82 507-1421-2347

MÉTRO
Mapo / sortie 1

HORAIRES
Mardi-vendredi 12h30-21h
Samedi-dimanche 12h30-21h30
Réserver sur Catchtable.

PRIX
₩₩₩

Plat très populaire dans les stands de street food, le *sundae,* un **boudin noir coréen** cuit à la vapeur et farci de viande, de riz et de légumes, se croise rarement dans les restaurants gastronomiques. C'est sans compter sur le chef Choi Ji-Hyung, qui a décidé de l'élever au rang de **mets raffiné.** Dans sa cuisine ouverte de Lee Buk Bang, il donne à voir et surtout à goûter un menu autour du *sundae,* dont certaines recettes lui ont été transmises par sa grand-mère, une réfugiée nord-coréenne.
Lors d'un défilé de 11 plats, le chef nous fait découvrir 5 variétés. On apprécie le *pi sundae* et le *abai sundae* très concentrés en sang, mélangés à du riz et pourtant bien éloignés du boudin noir à la française. On aime se faire surprendre par le *baek sundae* farci de choux et sans une goutte de sang. Côté création, le chef propose une version revisitée du *sundae* à base d'oie et d'agneau. Trempez chaque morceau dans les condiments de sel, de noisette, de miel ou de pâte de haricots noirs pour encore plus de saveurs.

On adore

L'intermède de petits plats qui se glissent entre chaque sundae. *Des* naengmyeon, *nouilles de sarrasin dans un bouillon de poulet glacé, au sashimi de poulpe, en passant par le* gookisg, *une soupe d'herbes épicée servie avec des nouilles et des morceaux de* sundae.

À 23 mn du marché traditionnel de Gongdeok

→ INSTAGRAM : **@leebukbang**

Oats Coffee

ADRESSE
29-8 Seongmisan-ro 29-gil, Mapo-gu

TÉLÉPHONE
+82 70-7806-5542

MÉTRO
Gajwa / sortie 4

HORAIRES
Tous les jours 11h-21h
(dernière commande 20h30)

PRIX
₩

À 7 mn de la Gyeongui Line Forest Park

À Séoul, on ne plaisante pas avec l'esthétique des cafés. Au détour de chaque rue, à la croisée des quartiers, leur façade et leur intérieur affichent leur identité, leur originalité et surtout leur personnalité. Celle de Oats Coffee : une vieille maison de pierres sur deux étages qui retrouve une seconde jeunesse grâce aux baristas. À l'intérieur, les architectes ont joué la carte de la simplicité brute et minimaliste en installant des panneaux de bois de différentes variétés au bar, aux tables et sur les murs.
Étudiants, amis et travailleurs nomades s'y pressent pour boire une bonne tasse de café, mais pas n'importe lequel : le Einspänner. Un café au grain plus ou moins intense selon votre choix, surmonté d'un **moelleux nuage de crème fouettée** au lait d'avoine. Goûtez à la cuillère, la crème sucrée qui vient contrebalancer l'intensité du café avant d'en boire une gorgée. Gardez un peu de place pour les **scones fait maison,** à déguster nature, aux cranberries ou au matcha et surmontés d'un petit carré de beurre, ou bien croquez dans les **financiers** au chocolat ou à la pistache.

On adore

Siroter mon Einspänner mousseux directement au verre pour refaire la moustache de crème de mon enfance.

→ INSTAGRAM : **@oatscoffee**

oats
BAKERY

oats
oats

ON AIME AUSSI BEAUCOUP

SEOGYO-DONG

HONGDAE

45

VINYL BAR

BAR

61-1 Wausan-ro, Mapo-gu | +82 2-322-4161 | Métro : Sangsu / sortie 1 | Mardi-jeudi 17h-minuit / vendredi-samedi 17h-2h / dimanche 17h-minuit | ₩

→ **@vinyl_hongdae**

À deux pas de l'université Hongik, au cœur de la festive et étudiante Hongdae, Vinyl Bar attire l'œil avec ses pochettes en plastique remplies de cocktails multicolores. Peach Crush rouge, Orange Bloom jaune ou Tequila-Tonic bleue, optez pour un mélange classique ou une création maison. On plante sa paille et on boit directement au sachet ! Pratique à emporter pour ensuite aller danser dans les clubs du coin.

46

ANTHRACITE

CAFÉ

11 World Cup-ro 12-gil, Mapo-gu | +82 2-336-7650 | Métro : Mangwon / sortie 1 | Lundi-dimanche 9h-22h | ₩₩

→ **@anthracite_coffee_roasters**

→ **anthracitecoffee.com**

Ambiance chaleureuse et méditative chez ce torréfacteur coréen installé sur trois étages, dans une ancienne maison qui donne sur un beau jardin zen. Derrière le comptoir, les baristas préparent avec calme, passion et attention de savoureux cafés filtre, glacé, au lait… Parfait pour retrouver ses esprits dans un lieu où le café se sirote et les conversations se chuchotent.

MANGWON-DONG

47

DORAE KNOT

CAFÉ

72 Bangullae-ro, Mapo-gu | +82 507-1368-1062 | Métro : Mapo-gu Office / sortie 5 | Vendredi-dimanche 10h-18h30 / lundi 11h-18h / mardi-mercredi 10h-18h30 | ₩

→ @doraeknot_mangwon

Préparation haute couture pour chaque tasse de café servie chez Dorae Knot. Un coffee shop d'excellente qualité nommé d'après le nom d'un nœud traditionnel coréen. Le lien, ici, se fait grâce à Ryan, barista qui vous guidera à travers les mélanges, les grains et les arômes pour vous mener sur ce qui sera sans doute l'une de vos meilleures tasses de café. Coup de cœur pour les churros.

48

LA RUE DE MANGRIDAN-GIL

RUE PLEINE DE RESTOS, CAFÉS ET PETITES BOUTIQUES

403-7, Mangwon-dong, Mapo-Gu | Métro : Mangwon / sortie 2 | Lundi-dimanche 24h/24 | ₩ à ₩₩₩

Papillonner d'un restaurant à un café en passant par une pâtisserie dans cette rue tendance où les façades colorées des boutiques ont redonné une seconde jeunesse au lieu. Si le marché de Mangwon ne vous a pas suffisamment rassasié, vous y trouverez votre bonheur. Ne manquez pas la boulangerie Huwa Huwa et ses copieux bagels crémeux aux fruits !

49

JOKBAL ALLEY

RESTAURANTS SPÉCIALISÉS EN JOKBAL

15 Manrijae-ro, Mapo-gu | Métro : Gongdeok / sortie 5 | ₩

À l'intérieur du marché de Gongdeok, empruntez l'allée où les échoppes installées pour certaines depuis plus de 30 ans se sont spécialisées en *jokbal.* Le nom et l'aspect peuvent rebuter, mais le pied de porc bouilli, servi en lamelles, est très populaire en Corée du Sud. Piochez une tranche dans le plat, enroulez-la dans une feuille de salade, ajoutez vos assaisonnements, et la première bouchée vous ravira !

MES ADRESSES

Yongsan-Gu

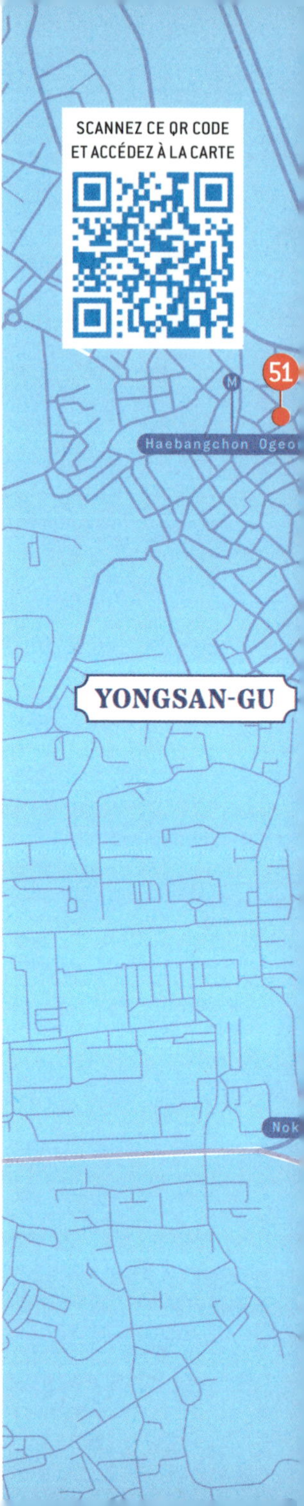

Palais de Gyeongbokgung
Marché de Gwangjang
Forêt de Séoul
Musée Leeum
Marché aux poissons
Seoul Arts Center
Namsan
Namsan Gymnasium
55
Hangangjin
ITAEWON
Musée Leeum
56
YONGSAN-DONG
Itaewon
53
52
54
0
250
500 m

Mr. Ahn's Craft Makgeolli

À 12 mn du musée Leeum (musée d'Art Samsung)

ADRESSE
658 Itaewon-dong,
Yongsan-gu

TÉLÉPHONE
+82 10-4592-36

MÉTRO
Noksapyeong / sortie 1

HORAIRES
Dimanche-mercredi
18h-minuit
Jeudi-samedi
18h-2h
Réserver sur Catchtable.

PRIX
₩ à ₩₩₩

Au mur, des bouteilles de *makgeolli.* Au centre, une haute table minérale, parsemée de bouquets de fleurs fraîches, où chaque invité est éclairé par un halo de lumière pour se concentrer sur la dégustation. L'ambition chez Mr. Ahn's Craft Makgeolli ? Proposer une **version haut de gamme et moderne des *banju,*** un terme qui désigne l'association d'un mets avec de l'alcool. Sur une carte courte et saisonnière, on navigue entre les *jujeonburi* (bouchées), les *anju* (plats principaux) et les *babsang* (incontournables). Pour les accompagner, optez pour l'accord de 3 ou 5 verres de *makgeolli,* de *soju* ou de *chungju.* Le sommelier passionné saura vous guider.
Un accord parfait, par exemple, pour cette sublime bouchée « ssam » de champignons enveloppés dans une feuille de chou kale fumante et infusée à l'huile de poudre de shiso. Elle est servie avec un bol de *makgeolli* local, laiteux et concentré. Goûtez aussi à l'**huître mousseuse,** au **tacos de kimchi et de porc effiloché** ou trouvez l'inspiration dans l'assiette de votre voisin.

On adore

Le sundae au calamar-porc et riz noir assaisonné d'encre de seiche et d'une poudre de beurre qui le rend encore plus crémeux. L'autre coup de cœur : le Shimya ! À partir de 23h30 jusqu'à la fermeture, le chef a carte blanche pour vous proposer une de ses créations originales avec les ingrédients du jour !

→ INSTAGRAM : **@ahn.mak**

김유정역

Tortoise

À 8 mn à pied de la randonnée pour monter vers le mont Namsan

ADRESSE
18-3 yongsan-dong 2(i)-ga,
Yongsan-gu

TÉLÉPHONE
+82 507-1434-2350

BUS
Haebangchon Ogeori

HORAIRES
Tous les jours 12h-21h30
(dernière commande 20h30)

PRIX
₩₩

Marchez à tout petits pas de tortue en serpentant dans les rues grimpantes qui entourent la Namsan Tower. Destination gourmandise et lenteur chez Tortoise. L'animal totem du café, vous l'aurez deviné, c'est la tortue. Elle sert de modèle à la pâtisserie qui a fait le succès du lieu : le **fluffy-mochi pancake.** 15 mn d'attente pour un dessert fait maison et cuit minute. La carapace de la tortue est façonnée de pâte à mochi tendre, dodue et sucrée. Elle dissimule un fluffy pancake crémeux et garni de morceaux de fruits.
La carapace de dame tortue se métamorphose, elle change de goût et de couleur au rythme des saisons. En été, c'est une tortue toute rose à la pêche, au printemps à la fraise et, lorsque le temps se refroidit, elle s'habille d'une carapace violette de patates douces sucrées. Le fluffy-mochi pancake signature rend hommage à la silhouette de la mascotte : sur un mochi nature, une crème de matcha saupoudrée de poudre de matcha pour les écailles.
Côté café, Tortoise nous régale d'une large gamme de grains de qualité en provenance d'Éthiopie, du Costa Rica et du Kenya.

On adore

Le bipeur dissimulé dans une peluche en forme de tortue pour prévenir que la commande est prête !

→ INSTAGRAM : **@tortoise_haebang**

TORTOISE

Plant Cafe Seoul

À 20 mn à pied du musée Leeum (musée d'Art Samsung)

ADRESSE
117 Bogwang-ro, Yongsan-gu

TÉLÉPHONE
+82 2-749-1981

MÉTRO
Itaewon / sortie 4

HORAIRES
Mardi-dimanche
11h-15h / 17h-22h

PRIX
₩₩

Près des magasins des antiquaires, à deux pas du dissipé quartier d'Itaewon, une **institution vegan** de la capitale : Plant. Un café ouvert en 2013, pionnier à l'époque, et qui a développé au fil des années une solide réputation grâce à la cheffe Mipa Lee. Au 1er étage, dans une salle luxuriante de plantes, une clientèle mi-coréenne mi-internationale venue déguster auprès de la brigade polyglotte des salades, burgers, wraps, teriyaki et jus frais, tous avec une note coréenne.
On adore, par exemple, la salade de *soba* dans une sauce cacahuètes et sésame garnie de tofu, tomate et daikon. Goûtez aussi les pappardelles à la truffe et aux champignons shiitakés ou encore la patate douce aux épinards et curry de coco. En dessert, foncez lécher la vitrine de gâteaux : *rainbow cake,* citrouille et crème de cookie vegan ou matcha aux framboises. Bon courage pour faire un choix. Plant Cafe possède désormais une succursale à Yeonnam.

On adore

Le gâteau au chocolat noisette. La génoise, le nappage, le biscuit, tout est parfait et coquin. Goûté une première fois lors de son ouverture il y a sept ans, c'est désormais un rituel à chaque retour à Séoul. Je continue d'en rêver la nuit à Paris.

→ INSTAGRAM : **@plantcafeseoul**
→ **plantcafeseoul.com**

Grand Ole Opry

ADRESSE
16 usadan-ro 14-gil,
Yongsan-gu

TÉLÉPHONE
+ 82 2-795-9155

MÉTRO
Itaewon / sortie 3

HORAIRES
Mercredi-samedi 20h-3h
Dimanche 20h-minuit

PRIX
₩

À 15 mn du musée Leeum (musée d'Art Samsung)

Mme Kim a 85 ans. Elle sert dans son bar tous les assoiffés nocturnes de la capitale. Venir boire un verre au Grand Ole Opry, c'est faire un **saut dans le temps** et toucher du bout des doigts les vestiges de Hooker Hill, une partie du quartier d'Itaewon autrefois bruyante, dévergondée et animée par les GI américains de la base militaire de Yongsan. Les Séoulites fêtards, les expats et les touristes de passage ont remplacé les soldats, mais l'âme du Grand Ole Opry est toujours là. Derrière son comptoir, bien dissimulée par une multitude de guirlandes accrochées au plafond de dollars et de wons laissés par les clients, Mme Kim prépare des cocktails imperméables à l'inflation, dont le prix n'a pas bougé depuis l'ouverture en 1975. Le plus cher, un Long Island Bucket, vous coûtera 8 €. Entre la préparation d'un Highball et d'un gin-tonic, elle s'occupe aussi de la musique. Dolly Parton, Charley Pride ou encore Taylor Swift, vous n'entendrez que de la musique country, la grande passion de Mme Kim. Passé minuit, les pieds s'échauffent et la piste de danse se remplit. Un **bar dans son jus** pour une soirée mémorable.

On adore

Le caractère bien trempé de la patronne. Entre la préparation de deux cocktails, elle a pris le temps de me montrer son album photos rempli des souvenirs de l'âge d'or du quartier. À l'évocation de sa retraite, sa réponse fuse : « Je ne veux pas devenir une **halmeoni** ***(une mamie) ! »***

PUT YOUR IN DIXIE
OR
GET YOUR OUT!
I'M NOT A
DIRTY OLD MAN
$1 = 1300 WON
Bank of Korea

ON AIME AUSSI BEAUCOUP

ITAEWON-DONG

54

PAN HONESTA

CAFÉ VEGAN

3 Bogwang-ro 55-gil, Yongsan-gu | +82 50-71335-7769 | Métro : Itaewon / sortie 4 | Lundi-vendredi 12h-20h / samedi-dimanche 12h-21h | ₩₩

→ **@panhonesta**

Un café vegan où l'on se délecte de cookies, de gâteaux aux marrons et surtout de *bingsu,* dont on adore celui recouvert de fraises en été ! Côté ingrédients, aucune trace de produits d'origine animale, la glace pilée des *bingsu* est par exemple réalisée à partir de lait de coco et cela n'empêche en rien les saveurs et la gourmandise d'être au rendez-vous.

55

RAIN REPORT

CAFÉ

258-63 Itaewon-dong, Yongsan-gu | +82 507-1360-4302 | Métro : Namsan Gymnasium / Bus 402 ou 405 | Lundi-dimanche 11h-21h30 | ₩₩

→ **rainreport_official**

Fraîcheur garantie dans ce café immersif sur le thème de la pluie. Dans un intérieur moderne où s'affiche sur des écrans la météo du monde, dégustez au rythme du ruissellement des gouttes une grande variété de financiers (encre de seiche, bacon au sirop d'érable, basilic…) et de pâtisseries traditionnelles à la présentation léchée. Le clou du spectacle ? Armé d'un parapluie transparent, prenez une photo à l'extérieur du café dans un espace où la pluie tombe toutes les 15 mn. On se croirait dans une scène romantique de drama coréen.

56

PARC RESTAURANT

RESTAURANT À OPTION VEGAN

26-5 Itaewon-ro 55 ga-gil, Yongsan-gu | +82 2-792-2022 | Métro : Hangangjin / sortie 1 | Tous les jours 11h30-15h20 / 17h30-21h30 | ₩₩₩

→ **@parcseoul**
→ **parcseoul.com**

Une cuisine faite maison élaborée à partir des recettes de la mère de Pak Morgua que le chef a précieusement collectées auprès d'elle. Il partage ses saveurs d'enfance dans des menus coréens frais et sains. On apprécie le bol végétalien où se mélangent sept légumes différents (courge, shiitaké, fougères…) servis sur un lit de riz pour un bibimbap revisité. Le chef change sa carte au rythme des saisons. Une jolie pause méridienne après avoir visité le musée d'Art de Leeum de Samsung juste à côté.

MES ADRESSES

Seongdong-Gu

Palais de Gyeongbokgung
Marché de Gwangjang
Forêt de Séoul
Musée Leeum
Marché aux poissons
Seoul Arts Center
SEONGDONG-GU
62
60
58
61
64
Ttukseom
SEONGSU-DONG
Seongsu
65
63
57
Seoul Forest
Rue des cafés de Seongsu-dong
0
250
500 m

Hanjungsun

ADRESSE
316-74 Seongsu-dong 2(i)-ga, Seongdong-gu

TÉLÉPHONE
+82 507-1358-5930

MÉTRO
Seongsu / sortie 4

HORAIRES
Tous les jours 10h30-22h

PRIX
₩

À 3 mn de la rue des cafés de Seongsu-dong

Friandise gourmande et populaire, le *chapssaltteok* est un **gâteau de riz gluant,** dodu, poudré et fourré à la pâte de haricots rouges qui se déguste généralement lors des périodes de vacances, de fêtes et que les élèves reçoivent en cadeau lorsqu'ils passent le tant redouté *suneung,* l'équivalent de notre baccalauréat. Le café Hanjungsun a décidé d'en proposer une variante moins solennelle, mais tout aussi délicieuse avec une garniture de fruits complets.
Dans la vitrine de la boutique au décor boisé, une multitude d'élégants et multicolores *bojagi,* un tissu traditionnel coréen utilisé pour emballer des cadeaux, renferment les ***chapssaltteok* fruités.** Grosse fraise entière, morceau de mandarine, d'ananas, de kiwi jaune, de raisin ou encore de pâte de haricots rouges avec une petite motte de beurre, il y a le choix des saveurs. Les plus habiles réussiront à engloutir en une bouchée ces délices de Séoul.

On adore

Le chapssaltteok à la fraise et aux arômes d'armoise. La sucrosité juteuse de la fraise trouve un parfait équilibre avec la pointe d'amertume de cette plante aromatique assez répandue dans l'assaisonnement des plats coréens.

→ INSTAGRAM : **@han.jung.sun**

생딸기 찹쌀떡

58 LA CRÈME DE LA CRÈME **DU BIBIMBAP DE GRAND-MÈRE**

Halmeoni's Recipe

À 3 mn de la rue des cafés de Seongsu-dong

ADRESSE
15-1 Seoulsup 6-gil, Seongdong-gu

TÉLÉPHONE
+82 02-467-5101

MÉTRO
Seoul-forest / sortie 5

HORAIRES
Mercredi-lundi 11h30-15h30 / 17h-21h10

PRIX
₩₩

À deux pas de la forêt de Séoul, direction le réconfort immédiat chez Halmeoni's Recipe, qu'on traduit par « recette de grand-mère ». Le temps d'un déjeuner ou d'un dîner, on s'offre ce que les Coréens appellent le *son-mat* littéralement « le goût de la main », ici la qualité du fait maison. À la carte, des plats que l'on trouve sur les tables des **cuisines familiales coréennes.** Un *ssambap jeongsik* composé de laitue et de shiso pour emballer du porc sauté et du riz que l'on assaisonne d'une mémorable sauce *ssamjang.* Goûtez aussi au *saengseon gui jeonsik,* un poisson grillé à la chair tendre servi avec un bouillon chaud d'algues et de haricots et d'un bol de riz. Chaque plat est servi avec un ensemble d'accompagnements savoureux de kimchi, de *dotorimuk* (gelée de gland), de *jeon* (galette) et de mini-anchois sautés aux noix. Un menu **réconfort et abordable.**

On adore

Le **kangkyun jeotgal bibimbap,** *l'un des meilleurs bibimbap que j'ai pu goûter. Un bol de riz blanc agrémenté de chou blanc, de carotte, de perilla, d'algues et d'une touche de jeotgal, sauce épaisse et épicée de divers fruits de mer. Chaque cuillère est un délice de saveurs.*

→ grandmarecipe.modoo.at

59 LA CRÈME DE LA CRÈME **DU GOÛTER CORÉEN REVISITÉ**

Myosa

À 5 mn de la forêt de Séoul

ADRESSE
Seongsu-dong 1(il)-ga,
Seoulsup 2-gil,
Seongdong-gu

TÉLÉPHONE
+82 10-2082-7495

MÉTRO
Ttukseom / sortie 8

HORAIRES
Tous les jours 12h-22h

PRIX
₩ à ₩₩

De nombreux troquets séoulites aiment moderniser les desserts traditionnels des goûters de leur enfance. C'est le cas du café Myosa, dissimulé dans une toute petite salle au 1er étage d'un bâtiment en briques de Seongsu-dong, le petit Brooklyn de Séoul. Dans un décor post-industriel minimaliste, les ingrédients comme l'armoise, l'*injeolmi*, le sésame noir ou le matcha que l'on trouvait dans les pâtisseries traditionnelles s'incorporent désormais dans des **cheesecakes coquins** ou dans la crème épaisse qui recouvre un **copieux *bingsu*,** une glace pilée traditionnelle. Les *bungeo-ppang*, **gaufrettes en forme de poisson** garnies à la pâte de haricots rouges, n'échappent pas non plus à la touche de modernité. En forme d'ours, de singe ou de tigre, la garniture se décline en chocolat, banane, caramel...
Pour la soif, large choix de cafés et thés glacés avec cet original affogato à la glace de sésame noir légèrement salé.

On adore

Le bingsu cacahuètes et sésame noir. Il arrive comme une petite montagne surmontée d'une crème de sésame noir et d'injeolmi, un gâteau de riz sucré que l'on gravit à la cuillère.

→ INSTAGRAM : **@myosa_seoul**

Vinyl LP Cafe

ADRESSE
656-1112 Seongsu-dong 1(il)-ga, Seongdong-gu

TÉLÉPHONE
+82 507-1339-5194

MÉTRO
Ttukseom / sortie 1

HORAIRES
Tous les jours 11h-23h

PRIX
₩₩

Lorsque l'on entre chez Vinyl LP Cafe, on est frappé par le silence inhabituel qui y règne. Dans une **ambiance rétro,** de la brique aux murs, des fauteuils en cuir et des tourne-disques en enfilade. Mais que font tous ces gens, casque sur les oreilles, à battre le rythme avec leur pied ? Ils profitent du concept de Vinyl LP Cafe qui propose une session musicale individuelle.

À l'entrée, vous commandez americano, thé, latte... Direction ensuite le mur des vinyles, où une collection gigantesque de 1 000 titres de jazz, pop, rock et K-pop vous attend. On fait son choix, on s'installe écouteurs sur les oreilles et on démarre le tourne-disque. C'est parti pour une **virée musicale** sans limite de temps, tout en sirotant sa boisson. Le petit plus ? Des doubles casques pour un interlude romantique. Ambiance mélancolique ce soir-là pour moi, avec dans les oreilles la chanteuse coréenne Lee Sun-Hee et son titre *Fate.* Un moment à part, rien que pour soi.

On adore

Pour plus de sérénité, profitez de ces instants de détente juste avant la fermeture à 23h. Vous observerez aussi la vie nocturne séoulite à travers les baies vitrées du café.

→ INSTAGRAM : **@vinyl_seongsu**

ON AIME AUSSI · BEAUCOUP ·

61

NANPO

CUISINE DE GRAND-MÈRE MODERNISÉE

18-8 Seoulsup 4-gil, Seongdong-gu | +82 2-468-1540 | Métro: Seoul Forest / sortie 5 | Lundi-vendredi 11h-15h50 et 17h-21h30 / dimanche 11h-21h30 | ₩₩

→ **@nanpo_official**

Esthétique léchée dans les assiettes pour cette cantinette de faïences bleues et blanches qui propose une cuisine fusion coréenne inspirée de recettes de grand-mère. Interdiction pour vos baguettes de rater le *gang doenjang ssambap,* un wrap rond de riz enveloppé dans sa feuille luisante de choux trempant dans un ragoût de soja. Goûtez aussi le rouleau de kimchi surmonté d'une tranche de sashimi.

62

BLUE BOTTLE

CAFÉ

7 Achasan-ro, Seongdong-gu | +82 1533-6906 | Métro: Ttukseom / sortie 1 | Lundi-dimanche 8h-20h30 | ₩

→ **@bluebottlekorea**
→ **kr.bluebottlecoffee.com**

Du Japon à la Corée, ma petite madeleine de Proust. Un bon café siroté en douceur chez Blue Bottle. Entre deux pérégrinations séoulites, glissez-vous dans la succursale au décor post-industriel de la célèbre bouteille bleue américaine. Au comptoir flat white, hojicha latte ou nola float (un café glacé infusé à la chicorée) n'attendent plus que vous pour une pause torréfiée.

SEONGSU-DONG

63

BETTER THAN YOURS

GLACES

5 Yeonmujang 7-gil, Seongdong-gu | +82 2-2641-0080 | Métro : Seongsu / sortie 4 | Lundi-dimanche 24h/24 (pause de 8h à 11h) | ₩

→ **@betterthanyours_**

Retour vers le futur chez Better Than Yours, où le seul humain dans la boutique, eh bien, c'est vous ! Derrière une grande vitre transparente, Porty et Mixie, deux grands bras robotiques, s'occupent de vos commandes givrées. Le choix des garnitures, des saveurs et du nappage se fait sur une borne. Ensuite, il n'y a plus qu'à observer le ballet mécanique des androïdes avant de récupérer votre cornet glacé.

64

NEW AT DAWN

CAFÉ

9-16 Wangsimni-ro 5-gil, Seongdong-gu | +82 70-4800-4399 | Métro : Seoul Forest / sortie 5 | Lundi-dimanche 12h-22h50 | ₩

→ **@newatdawn**

Pour un goûter avec vue, direction New at Dawn. Fondez pour les pâtisseries signature que sont le Seoul Forest cake, une tranche de gâteau triangulaire au chocolat blanc, matcha et crème de haricots rouges ou la patate douce rôtie et sa glace vanille. Attrapez un latte à la crème de maïs et grimpez au 5e étage du café, où le rooftop vous offre une jolie perspective sur la Namsan Tower.

65

LOWKEY

CAFÉ

6 Yeonmujang 3-gil, Seongdong-gu | +82 70-8824-2010 | Métro : Seongsu / sortie 4 | Lundi-dimanche 10h-20h | ₩

→ **@lowkey_coffee**

Aficionados d'excellents cafés, ne manquez pas cette adresse de qualité où vous serez bercé par le goutte à goutte du filtre et le ronron du moulin à café. Au comptoir, laissez-vous guider par le barista qui vous aiguillera parmi les dizaines de mélanges kényans, ougandais, péruviens… dûment sélectionnés. Si vous êtes sage, vous aurez peut-être même la chance d'apercevoir et de saluer le maître des lieux, un joli chat tigré.

MES ADRESSES

Gangnam-Gu

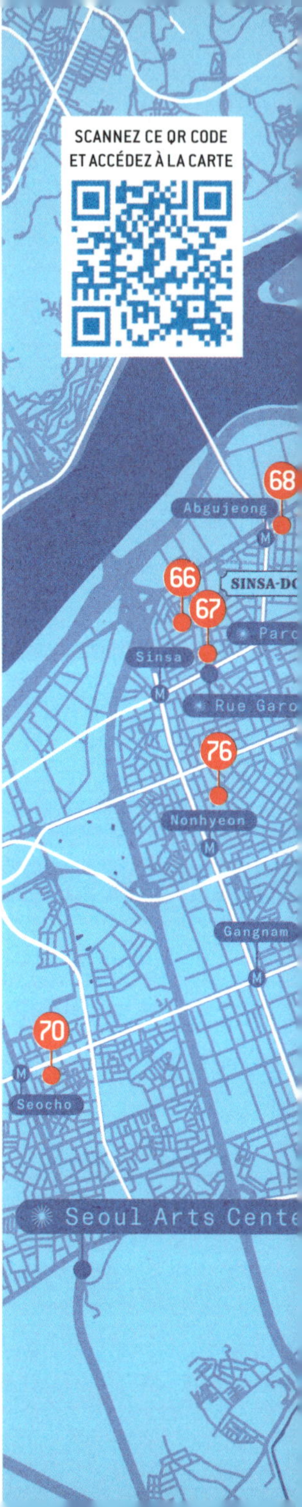

SCANNEZ CE QR CODE
ET ACCÉDEZ À LA CARTE
68
Abgujeong
66
67
Sinsa
76
Nonhyeon
Gangnam
70
Seocho
Seoul Arts Cente

Palais de Gyeongbokgung
Marché de Gwangjang
Forêt de Séoul
Musée Leeum
Marché aux poissons
Seoul Arts Center
Road
APGUJEONG-DONG
71
CHEONGDAM-DONG
Musée d'art contemporain KMCA
Jamsil
72
M
Seoul Sky
JAMSIL-DONG
GANGNAM-GU
0 500 1 km

Nudake Sinsa

ADRESSE
43 Gangnam-daero 162 gil,
Gangnam-gu

TÉLÉPHONE
+82 70-4177-6977

MÉTRO
Sinsa / sortie 8

HORAIRES
Tous les jours
11h-21h

PRIX
₩ à ₩₩

À 3 mn de la rue Garosu-gil (rue bordée d'arbres ginkos, très huppée et branchée)

C'est le croissant le plus viral de Séoul, qui s'affiche partout sur les comptes Instagram des influenceurs. Alors forcément j'ai eu envie d'y goûter ! Lorsque l'on pousse les portes de la boutique ultra-design de Nudake, dans le quartier chic de Gangnam, on tombe nez à nez avec un croissant géant soutenant une table recouverte de pâtisseries. Le goût va-t-il dépasser l'image ? La réponse est oui ! Au-delà de l'effet de mode, Nudake propose des **croissants revisités,** originaux et délicieux qui n'ont pas la forme mais bien le goût. On adore les **Oniwassant,** des croissants en forme d'onigiri japonais au basilic et citron, noix ou matcha, les tartelettes qui prennent la forme d'œuf à la saveur mangue et romarin. On aime encore plus les Oniwassant salés au bacon et kimchi, à l'oignon vert ou encore à la crème aux œufs de lieu jaune et au sirop d'érable. Les boissons ne sont pas en reste, car on fond pour le Croi choco latte, un délicieux **chocolat chaud** sur lequel flotte un croustillant croissant.

On adore

Le Creamy black latte. Un latte au sésame surmonté d'un faux œuf de mangue qui est servi dans un verre en plastique transparent. En appuyant dessus, le breuvage d'un blanc immaculé devient totalement noir. Un tour de magie crémeux réussi, d'autant qu'à la première gorgée le mélange de sésame noir, de miel, de haricot noir et de chocolat blanc ravit nos papilles.

→ INSTAGRAM : **@nud_dake**

67 LA CRÈME DE LA CRÈME **DES GALETTES JEON ET DU MAKGEOLLI AU MIEL**

Sinsajeon

ADRESSE
18 Dosan-daero 11-gil, Gangnam-gu

TÉLÉPHONE
+82 2-3443-9991

MÉTRO
Sinsa / sortie 3

HORAIRES
Tous les jours 10h30-1h

PRIX
₩₩

À 3 mn de la rue Garosu-gil (rue bordée d'arbres ginkos, très huppée et branchée)

Une adresse joyeuse et partageuse pour un moment de convivialité autour d'une **grande *jeon*** (crêpe coréenne) et d'un bon bol de *makgeolli* trempant dans un vrai morceau de miel. Voilà pour la recette du succès ! Les *jeon,* souvent reléguées au rang de *banchan,* ne sont plus ici des accompagnements mais des plats à part entière, **copieux et appétissants.** De la crêpe de porc à la ciboulette en passant par celle persillée aux crevettes ou aux huîtres, difficile de faire un choix. Elles arrivent toutes chaudes dans leur panier d'osier, puis on les découpe à la baguette avant de les tremper dans une sauce soja salée. De petits *banchan* appétissants comme du kimchi et de la patate douce agrémentent le tout.
Pour les indécis, Sinsajeon propose une grande assiette d'assortiments de petites *jeon,* histoire de goûter à toutes les saveurs.

On adore

Le makgeolli, un alcool de riz laiteux qu'on vous sert dans un petit bol où se trouve un vrai morceau de miel découpé devant vous. Au fil de la soirée, l'atmosphère se réchauffe, le miel fond doucement dans le verre donnant au makgeolli un goût sucré qu'on boit comme du petit-lait... avec un peu de modération quand même !

→ INSTAGRAM : **@sinsajeon_official**

Zenzero

À 5 mn du parc Dosan

ADRESSE
612-2 Sinsa-dong,
Gangnam-gu

TÉLÉPHONE
+82 2-545-1671

MÉTRO
Apgujeong / sortie 3

HORAIRES
Tous les jours
12h-17h / 18h-22h

PRIX
₩

Mon glacier séoulite préféré ! J'y ai goûté des **parfums inédits et typiquement coréens.** Les glaces et sorbets sont réalisés à partir d'ingrédients, de fruits et de légumes locaux et surtout de saison, ce qui vous donne une excellente excuse pour les goûter même en hiver. Dans le cornet deux boules, s'enlacent un sorbet de yuzu bio de l'île de Jeju et un autre de bang-ah, une sorte de menthe. Le choix autant que l'envie donnent le tournis.
On aimerait plonger une cuillère dans le bac de caramel au gamtae, une algue herbacée qui apporte une touche salée. On louche aussi sur celui au ginseng frais, au kumquat et thé noir ou encore sur celui au chocolat relevé par une poudre épicée de *chopi.* Pendant les saisons froides, Zenzero se plonge dans le réconfort d'une glace pomme tatin ou mascarpone-figue.

On adore

La touche italienne de la maison avec la glace mascarpone, miel d'Ulleungdo (une petite île à l'est de la Corée) et gorgonzola. Une association surprenante à ne pas manquer.

→ INSTAGRAM : **@zenzero.seoul**

ZENZERO
GELATERIA

Dosan Bunsik

ADRESSE
10-6 Dosan-daero 49-gil, Gangnam-gu

TÉLÉPHONE
+82 2-514-5060

MÉTRO
Apgujeong Rodeo / sortie 5

HORAIRES
Mercredi-lundi 11h30-15h / 17h-20h30
S'inscrire sur liste d'attente à l'accueil.

PRIX
₩ à ₩₩

Vaisselle verte en plastique, faïence blanche carrelée pour les tables et chaises faussement rétro avec ce message accolé à l'entrée du restaurant, *Seoul New Wave Bunsik,* comprendre « la nouvelle vague de *bunsik* à Séoul ». Pas besoin de tergiverser, la tonalité culinaire est donnée: dépoussiérer les *bunsik,* ces plats à base de farine qui composent l'univers de la street food coréenne, pour les rendre plus fins et délicats. Les plats fusion se présentent comme des **petites tapas à partager** bien copieuses et le résultat en bouche dépasse les attentes. Piochez avec délice dans l'assiette de *yukhoe* (viande crue de bœuf haché) *gimbap* version tartare donc, agrémenté d'une feuille de shiso et d'un œuf cru, croquez dans l'inoubliable *katsu-sando,* ce **sandwich japonais** de pain de mie moelleux avec une tranche croustillante et caramélisée de porc. Poussez le vice en trempant un morceau de votre sandwich au porc pané dans la sauce pimentée des *tteokbokki* frits du bol d'à côté. Une chose est certaine, on sort en roulant de cette adresse sans fautes !

On adore

L'inoubliable plat signature: le Dosan Bimbim Myeon qui reprend les codes du bibimbap en le recouvrant d'un* ramyeon *de bœuf* bulgogi *épicé et d'un œuf. Un plat réconfortant dont le souvenir fait saliver.

À 5 mn du musée d'Art contemporain KMCA

→ INSTAGRAM : **@dosanbunsik**

SEOUL
NEW WAVE
BUNSIK
島 山

SEOUL NEW WAVE BUNSIK

Eero Cafe

ADRESSE
32 Banpo-daero 30-gil, Seocho-gu

TÉLÉPHONE
+82 2-6447-1080

MÉTRO
Seocho / sortie 1

HORAIRES
Lundi-vendredi 11h-20h30
Samedi-dimanche 11h-21h30

PRIX
₩₩

Immersion onirique dans un café tout droit sorti d'un songe mystérieux. Le gardien de nos rêves est une statue de pierre qui s'appelle Haetae, une créature mythologique coréenne à l'allure d'un lion recouvert d'écailles qui est le symbole de Séoul. Il nous attend stoïque, féroce, à l'entrée de Eero. Au rez-de-chaussée, décor minimaliste de béton strié avec au centre des baristas qui fourmillent autour de la préparation de latte et de **café au *seoritae*** (haricot noir de soja) ou au *urungji* (riz roussi). Pour une touche de fraîcheur, une large gamme non exhaustive de thé glacé à l'omija, au hanrabong (sorte de mandarine sucrée) ou au magnolia... La **pâtisserie signature,** elle, est un hommage au maître du lieu : un biscuit de riz soufflé recouvert d'une mousse crémeuse représentant les montagnes de Séoul et accompagné d'un chocolat en forme d'Haetae.
Dégustation et rêverie se passent au sous-sol, dans la pénombre d'une pièce aux allures de grotte souterraine, éclairée à la bougie. Asseyez-vous à l'une des tables entourant la cascade qui ruisselle du plafond. Une tranche d'imaginaire, de gourmandise et d'apaisement en pleine capitale.

On adore

Le cheesecake au sésame noir crémeux, dense, moelleux et surtout peu sucré. Ça se mange sans faim !

À 20 mn du Seoul Arts Center

→ INSTAGRAM : **@eero.seoul**

Zest

ADRESSE
Dosan-daero 55-gil, 26, Gangnam-gu

TÉLÉPHONE
+82 10-3177-8801

MÉTRO
Apgujeong Rodeo / sortie 4

HORAIRES
Lundi-vendredi 18h30-2h
Samedi-dimanche 15h-2h
Réserver sur Catchtable.

PRIX
₩₩

Un cocktail durable pour un verre mémorable. Chez Zest, rien ne se perd et tout se transforme. Aux manettes de nos libations, un quatuor de mixologues très engagés dans le **zéro déchet.** Prenez le Z&T, boisson phare de la maison. Ce gin-tonic est préparé avec un gin fait maison et distillé à partir de fruits de saison provenant des fermes alentour. L'eau gazeuse, elle, est directement produite par le bar pour ne pas utiliser de canettes. Au comptoir, le cocktail, présenté de façon minimaliste avec une simple tranche de citron, fait des merveilles ! Il nous pétille au nez, dispersant ses effluves d'agrumes avant même la première gorgée. Même démarche pour le Jeju Garibaldi composé d'un savoureux mélange revivifiant et frais d'hallabong (mandarine de l'île de Jeju), de carottes de Gujwa et de bitter italien. Les écorces restantes sont utilisées pour distiller le gin maison de Zest, et la pulpe pour élaborer un sirop.
Des **produits de qualité,** une mixologie au sommet pour une deuxième place amplement méritée dans le classement des 50 meilleurs bars d'Asie.

À 5 mn de la K-Star Road

On adore

Le City Bee's Knees. Outre le jeu de mots, j'ai adoré ce cocktail concocté à partir d'un punch de citron, de lavande, de dry sherry et de la douceur d'un miel récolté directement sur les toits de Séoul !

→ INSTAGRAM : **@zest.seoul**

Bicena

À 2 mn à pied de l'observatoire de Seoul Sky

ADRESSE
81e étage Lotte World Tower, 300 Olympic-ro, Songpa-gu

TÉLÉPHONE
+82 2-3213-1260

MÉTRO
Jamsil / sortie 2

HORAIRES
Tous les jours 11h30-15h / 18h-22h
Réserver sur Catchtable.

PRIX
₩₩₩

Vue spectaculaire chez Bicena ! Le r**estaurant étoilé** a pris ses quartiers au 81e étage de la tour Lotte. Un panorama toutefois éclipsé par le talent du chef Kwangsik Jeon, qui nous offre un voyage culinaire au cœur d'une cuisine traditionnelle où la fermentation est essentielle. Un menu dégustation qui débute par une infusion d'aiguilles de pin fermentées pour ouvrir notre palais vers des notes plus marines avec un tentacule de pieuvre safrané au caviar, relevé d'une sauce claire infusée dans du gochujang. Pièce maîtresse de la cuisine coréenne, le *yukhoe*, un morceau de bœuf cru vieilli pendant un mois au *nuruk* et servi avec de la poire dans une marinade délicate de sauce soja. De la daurade cuite à la perfection au riz au gondré et sa soupe d'algues accompagnés de *banchan* de citrouille braisée, de kimchi et de courgette, en passant par le dessert traditionnel et son *sujeonggwa* (punch traditionnel) au gingembre et à la cannelle dans lequel baignent des kumquats confits. C'est un sans-faute pour une **expérience gastronomique** au pinacle.

On adore

Le bibimbap miniature déconstruit qui est présenté sous la forme d'une bûchette. Une bouchée renversante où l'algue croustillante laisse la place à un mélange de légumes râpés, de carottes, de champignons et de crêpe, le tout délicatement assaisonné d'une sauce relevée.

→ INSTAGRAM : **@bicena_seoul**
→ **bicena.com**

BICENA

ON AIME AUSSI BEAUCOUP

CHEONGDAM-DONG

73

SAMWON GARDEN

BARBECUE CORÉEN

835 Eonju-ro, Gangnam-gu | +82 2-548-3030 | Métro : Apgujeong / sortie 3 | Lundi-vendredi 11h30-14h30 et 17h30-21h30 / samedi-dimanche 11h-14h30 et 17h-21h | ⓦⓦⓦ

→ @sg_dinehill
→ samwongarden.com

Institution culinaire ouverte en 1976, Samwon Garden est un lieu idéal pour se régaler d'un délicieux et juteux barbecue *galbi* (bœuf mariné) grillé et préparé directement à table. Les Séoulites y viennent pour célébrer anniversaire, diplôme et fêtes familiales dans une spacieuse salle donnant sur un jardin verdoyant très agréable pour un déjeuner lors des chaudes journées d'été.

74

GEBANGSIK-DANG

CRABE CRU MARINÉ

17 Seolleung-ro 131-gil, Gangnam-gu | +82 10-8479-1107 | Métro : Gangnam / sortie 3 | Lundi-samedi 11h30-15h et 17h30-21h | ⓦⓦⓦ

→ @gebangsikdang.official
→ gebangsikdang.modoo.at

Arrêt nécessaire dans ce restaurant moderne, blanc aux tables métalliques, qui dispose d'une vingtaine de places. La réservation est quasi indispensable si vous espérez serrer la pince – et surtout goûter – au *ganjang gejang :* un crabe frais mariné dans de la sauce soja. Palais aventureux ? Goûtez la version épicée, le *yangnyeom gejang.* Les *banchan :* soupe d'algues, *dongchimi, gamtae...* sont tout aussi savoureux.

APGUJEONG-DONG

75

NUDAKE HAUS DOSAN

PÂTISSERIE

50 Apgujeong-ro 46-gil, Gangnam-gu | +82 70-4128-2125 | Métro : Apgujeong Rodeo / sortie 5 | Lundi-dimanche 11h-21h | ₩₩

→ **@nu_dake**
→ **nudake.com**

Au sous-sol de la très tendance Haus Dosan, Nudake tente de nous surprendre, cette fois-ci non pas avec des croissants revisités, mais avec des pâtisseries futuristes qui s'exposent comme des œuvres d'art à notre œil gourmand. Un seul conseil : goûtez à la tomate dans sa bulle translucide qui, au premier coup de fourchette, laissera s'échapper une purée de fraise et de tomate relevée d'une touche de citron vert.

SINSA-DONG

76

JANGSENG GEONGAN-GWON

COCKTAILS

23 Gangnam-daero 124-gil, Gangnam-gu | +82 10-2278-5968 | Métro : Nonhyeon / sortie 3 | Lundi-dimanche 19h-04h | ₩₩

→ **@bar_jangsaeng**

Dans la mouvante Gangnam, au milieu de l'immuable marché traditionnel de Yeongdong, Jangseng Geongangwon, le bar du talentueux Seo Jong-Hyun a réussi à se faire une place. Le créatif mixologue concocte des cocktails à base d'ingrédients et de liqueurs tradition-nels qu'il achète auprès des commerçants du marché. À base de gin-seng, campanule, *doraji* et même de soupe de *tteokbokki* pour l'un des cocktails du mois, on sirote avec plaisir ces élixirs. Parfait remède pour une fin de soirée !

MES ADRESSES

MES 4 RECETTES *coréennes* PRÉFÉRÉES

POUR CAPTURER L'ESSENCE D'UNE VILLE, RIEN DE TEL QUE SES SAVEURS EMBLÉMATIQUES ! VOICI DONC QUELQUES RECETTES DE PLATS ICONIQUES, SI DE RETOUR À LA MAISON VOUS ÊTES NOSTALGIQUE ! CHAQUE BOUCHÉE VOUS TRANSPORTERA AU CŒUR MÊME DES TRADITIONS CULINAIRES DE SÉOUL.

RECETTE

BIBIMBAP

POUR 2 PERSONNES
TEMPS DE PRÉPARATION :
1 H
TEMPS DE CUISSON :
40 MN

INGRÉDIENTS

- 250 G DE RIZ (IDÉALEMENT SHINODE)
- 2 ŒUFS
- 1 CAROTTE
- 75 G D'ÉPINARDS
- 75 G DE POUSSES DE SOJA
- ½ COURGETTE
- 100 G DE RADIS DAIKON
- 75 G DE CHAMPIGNONS
- 1 CUILLÈRE À SOUPE DE GOCHUJANG (PÂTE DE PIMENT CORÉEN)
- 1 CUILLÈRE À SOUPE DE SAUCE SOJA SALÉE
- 1 CUILLÈRE À CAFÉ DE MIEL
- 2 GOUSSES D'AIL
- HUILE DE SÉSAME

①
Versez le riz dans une casserole. Ajoutez un volume et demi d'eau froide. Placez la casserole sur feu vif et portez à ébullition. À ce moment-là, baissez sur feu moyen pour 10 mn. Coupez le feu et laissez reposer encore 10 mn sans soulever le couvercle.

②
Rincez les épinards, les pousses de soja et les champignons. Épluchez la carotte, l'ail et le daikon. Taillez en julienne la carotte, la courgette et le daikon. Tranchez les champignons. Dégermez et écrasez l'ail.

③
Faites revenir dans une poêle à feu moyen avec un peu d'huile de sésame, les uns après les autres : la carotte et le daikon pendant 8 mn, puis les champignons avec un peu d'ail pendant 5 mn. Faites bouillir dans une casserole d'eau les pousses de soja pendant 3 mn, puis les épinards pendant 5 mn. Égouttez, puis assaisonnez d'huile de sésame et ajoutez un peu d'ail aux épinards. Enfin, faites cuire l'un après l'autre les œufs au plat dans une poêle.

④
Dans un bol, mélangez le gochujang, le miel, la sauce soja et une cuillère à soupe d'huile de sésame.

⑤
Dressez dans 2 bols de service en disposant d'abord le riz, puis chaque légume les uns à côté des autres. Ajoutez dessus l'œuf au plat, puis un peu de sauce.

RECETTE

DAKGANGJEONG
(POULET FRIT À LA CORÉENNE)

POUR 2 PERSONNES
TEMPS DE PRÉPARATION : 15 MN
TEMPS DE CUISSON : 15 MN

INGRÉDIENTS

- 300 G DE MORCEAUX DE POULET (AILES OU PILONS DÉSOSSÉS)
- 100 G DE FÉCULE DE MAÏS
- 1 ŒUF
- 1 CUILLÈRE À SOUPE DE GRAINES DE SÉSAME
- 1 GOUSSE D'AIL
- 2 CUILLÈRES À SOUPE DE MIRIN
- 1 CUILLÈRE À SOUPE DE VINAIGRE DE CIDRE
- 2 CUILLÈRES À SOUPE DE GOCHUJANG (PÂTE DE PIMENT CORÉEN)
- 1 CUILLÈRE À SOUPE DE SAUCE SOJA
- 2 CUILLÈRES À SOUPE D'HUILE DE SÉSAME
- 1 CUILLÈRE À SOUPE DE MIEL
- SEL ET POIVRE
- HUILE DE TOURNESOL

①

Assaisonnez les morceaux de poulet de sel et poivre à votre convenance. Cassez l'œuf dans un bol, puis battez-le. Trempez successivement les morceaux de poulet dans l'œuf, puis dans la fécule. Renouvelez l'opération une seconde fois. Plongez les morceaux de poulet panés dans une casserole d'huile de tournesol chaude jusqu'à ce qu'ils soient bien dorés. Égouttez, puis disposez les morceaux de poulet frits sur une assiette recouverte de papier absorbant.

②

Versez les grains de sésame, l'ail préalablement épluché et écrasé, le mirin, le vinaigre, le gochujang, la sauce soja, l'huile de sésame et le miel dans un bol et mélangez jusqu'à l'obtention d'une préparation homogène. Enrobez les morceaux de poulet frits de sauce et parsemez de quelques graines de sésame.

RECETTE

KIMCHI

TEMPS DE PRÉPARATION : 15 MN
TEMPS DE REPOS : 2 H

INGRÉDIENTS

- 1 CHOU CHINOIS
- 10 GOUSSES D'AIL
- 1 CUILLÈRE À SOUPE DE POUDRE DE GINGEMBRE
- 1 BOTTE D'OIGNONS NOUVEAUX
- 2 CUILLÈRES À SOUPE DE KKANARI AEKJEO (SAUCE POISSON)
- 2 CUILLÈRES À SOUPE DE MYEOLCHI AEKJEOT (AUTRE SAUCE POISSON)
- 50 G DE SAEUJEOT (PETITES CREVETTES FERMENTÉES CORÉENNES)
- 80 G DE GOCHUGARU (POUDRE DE PIMENT CORÉEN)
- 2 CUILLÈRES À SOUPE DE SUCRE
- 10 CL D'EAU

①
Coupez le chou en morceaux et salez-les généreusement afin d'en extraire un maximum d'eau. Laissez reposer 2h, en remuant régulièrement.

②
Dans un saladier, mélangez l'ail préalablement épluché et écrasé, la poudre de gingembre, les oignons nouveaux finement ciselés, les sauces poisson, les crevettes salées ainsi que le gochugaru. Ajoutez du sucre et un peu d'eau pour une texture homogène.

③
Rincez le chou pour enlever le sel et pressez-le très fort pour retirer l'excès d'eau. Mélangez-le avec la pâte épicée en massant pour bien assaisonner chaque feuille.

④
Disposez le kimchi dans un bocal hermétique, en tassant bien. Laissez fermenter 2-3 jours à température ambiante, puis conservez-le au réfrigérateur.

RECETTE

GALETTES KIMCHI JEON

POUR 2 PERSONNES
TEMPS DE PRÉPARATION : 10 MN
TEMPS DE CUISSON : 10 MN

INGRÉDIENTS

- 150 G DE KIMCHI
- 50 G DE FARINE DE BLÉ
- 50 G DE FÉCULE DE MAÏS
- 1 ŒUF
- 5 CL D'EAU FROIDE
- HUILE VÉGÉTALE POUR LA CUISSON

POUR LA SAUCE

- 2 CUILLÈRES À SOUPE DE SAUCE SOJA
- 1 CUILLÈRE À CAFÉ DE VINAIGRE DE RIZ
- ½ CUILLÈRE À CAFÉ DE SUCRE
- ½ CUILLÈRE À CAFÉ DE GRAINES DE SÉSAME

①

Égouttez puis hachez le kimchi. Dans un bol, mélangez la farine, la fécule de maïs et l'eau froide pour obtenir une pâte lisse et légèrement épaisse. Ajoutez l'œuf puis mélangez à nouveau. Incorporez le kimchi haché. Ajustez la consistance avec un peu plus d'eau si la pâte vous semble trop épaisse.

②

Faites chauffer une poêle à feu moyen avec un peu d'huile végétale. Versez un peu de pâte dans la poêle et étalez légèrement pour obtenir une galette fine d'environ 10 cm de diamètre. Faites cuire chaque côté pendant 4 mn ou jusqu'à ce que la galette soit uniformément dorée et croustillante. Répétez l'opération pour la deuxième galette.

③

Afin de réaliser la sauce d'accompagnement, mélangez tous les ingrédients de la sauce dans un petit bol. Coupez les galettes en morceaux et servez chaud avec la sauce à côté pour tremper.

ACE
BAG
かばん
セレクトショップ
T.ara Massage
5F
752-8887
우대포
KOREA
MART
명동피자
the SAEM
HOLDEM PUB & BAR
TONYMOLY
ABC MART
ARTBOX
asics

INDEX

ALPHABÉTIQUE

OUVERT

DIMANCHE

OUVERT

LUNDI

INDEX

SPÉCIALITÉS

REMERCIEMENTS

À HÉLÈNE, MA GRAND-MÈRE.

NOTES

Textes et photos
ANNE-LAURE BANSE
Accompagnée par
Annabelle Schachmes

Conception maquette
MODUS OPERANDI

Illustration de couverture
FAGOSTUDIO

Mise en page
GUILLAUME ANDRÉ

HACHETTE TOURISME

Direction générale
CATHERINE SAUNIER-TALEC

Direction opérationnelle
SIDONIE CHOLLET

Direction éditoriale
CÉCILE PETIAU

Direction artistique
et illustrations
NICOLAS GALLOIS

Édition
JULIE DUPRÉ,
avec la collaboration de
MARGAUX LEFEBVRE

Cartographie
FRÉDÉRIC CLÉMENÇON,
AURÉLIE HUOT

Fabrication
LIZA SACCO

Contact presse
RACHIDA MAZEF
rmazef@hachette-livre.fr

Contact publicité
et partenariats
partenariat-tourisme@hachette-livre.fr

Droits internationaux
JANICE YIP
jyip@hachette-livre.fr

L'éditeur remercie
Juliette Goujon
pour son apport créatif
et Inès Fernandez
pour son assistance.

CRÉDITS PHOTOGRAPHIQUES

Toutes les photos de cet ouvrage ont été réalisées par Anne-Laure Banse, à l'exception des suivantes :

Travel man (P. 168), sungsu han (P. 169), gontabunta (P. 170), Nungning20 (P. 171).

Ne manquez pas de nous faire part de vos remarques. Informez-nous aussi de vos découvertes personnelles, nous accordons la plus grande importance au courrier de nos lecteurs :
hachette-tourisme@hachette-livre.fr

Édité par Hachette Livre
(58, rue Jean-Bleuzen, CS 70007, 92178 Vanves Cedex)

Imprimé par Gráficas Estella (Espagne) - Achevé d'imprimer : février 2025

Codif 3542542
ISBN 978-2-01-7882-14-5

Dépôt légal mars 2025
Édition 01

PAPIER À BASE DE FIBRES CERTIFIÉES

hachette s'engage pour l'environnement en réduisant l'empreinte carbone de ses livres. Celle de cet exemplaire est de : 800 g éq. CO_2
Rendez-vous sur www.hachette-durable.fr